KB217425

예수를 깊이 생각하라

Think Carefully about Jesus

예수를 깊이 생각하라

초판 1쇄 발행 2022년 11월 5일

지은이   이상수
발행인   송정금 이요섭
편 집   이장렬 외 편집위원

펴낸곳   엎드림출판사
등 록   제2021-000013호
주 소   17557 경기도 안성시 공도읍 심교길 24-5
발행처   엎드림출판사
전 화   010-6220-4331

값 11,000원
ISBN 979-11-977654-2-1   03230

Think
Carefully
about
Jesus

예수를 깊이
생각하라

이상수 지음

엎드림
출판사
UP DREAM

시
작
하
면
서

───

할렐루야! 저를 부르시고 택하시어 주님의 종으로 삼으시고 목회

의 길로 인도하신 삼위일체 하나님께 감사와 찬송과 영광을 돌립니

다. 제 삶은 당시 50세이던 1993년을 기점으로 확연하게 구분됩니

다. 1993년까지 제 자신을 위한 세상적인 삶을 살았다면, 그 후로는

(비록 여전히 부족하고 연약하지만) 주의 종 '오바댜'의 길을 걸었기 때문

입니다. 그 여정 가운데 주께서 친히 함께 하시며 인도해 주시고 저

를 붙잡아 주셨습니다. 40일 금식기도 마지막 날에 받은 "복음을 전

하세요, 두려워 마세요"란 말씀에 순종하여 기독신학교신학원(현

백석대학교신학대학원)에 입학하여 신학 훈련을 받고, 한국과 미국에

서 부사역자로 목회 훈련을 거친 후, 1999년 서울 송파에 부활생명

교회를 개척하여 담임 목회 사역을 감당케 하셨고, 이어 다음 세대

를 세우는 비전을 갖고 중부전선 최전방 대대교회인 한마음교회에서 2007년 9월부터 2017년 말 은퇴하기까지 10년여간 군 선교 사역을 감당케 하셨습니다. 그 후 3년 간 심각한 건강상의 위기가 있었으나, 하나님의 크신 은혜로 회복되었습니다. 현재는 2030년까지 성경 100독을 목표로 말씀통독에 매진하고 있습니다.

금번에 팔순을 맞이하여 그간의 설교 중 열두 편을 모아 〈예수를 깊이 생각하라〉라는 제목으로 펴내게 되었습니다. 그저 감사하고 부끄러운 마음뿐입니다. 하나님께서 보잘것없고, 내세울 것도 없고, 부족하기 짝이 없는 연약한 제 인생에 큰 긍휼을 베풀어 주셨고 지금도 변함없이 그 긍휼을 베풀고 계심에 감사드립니다.

저의 오늘이 있기까지 함께 한, 사랑하는 가족들께 감사드립니다. 특별히 동반자와 동역자로, 또 친구요 전우로 늘 수고하며 올해 함께 결혼 50주년을 맞는 아내 임묘순 사모에게 깊은 사랑과 존경을 전합니다. 나의 자녀들에게 고마움을 전하며, 눈에 넣어도 아프지 않을 네 명의 손주들에게 감사합니다.

지난 시간을 돌아보니 바울의 고백대로 '나의 나된 것은 하나님의 은혜'임을 인정할 수밖에 없습니다. 사랑과 긍휼의 주님께 감사

드리며, 복음성가 〈은혜〉의 후렴구로 하나님의 은혜에 대한 제 고백
을 대신합니다.

> 모든 것이 은혜 은혜 은혜 한없는 은혜
> 내 삶에 당연한 것 하나도 없었던 것을
> 모든 것이 은혜 은혜였고 모든 것이 은혜 은혜였소

2022년 7월, 경기도 하남에서,
주의 은혜 입은 자, 이상수

제1부

예수 그리스도

제1장

예수를 깊이 생각하라

그러므로 함께 하늘의 부르심을 입은 거룩한 형제들아
우리의 믿는 도리의 사도이시며 대제사장이신
예수를 깊이 생각하라(히 3:1)

로마서 12:1은 다음과 같이 선언합니다. "너희 몸을 하나님이 기뻐하시는 거룩한 산제사로 드리라 이는 너희의 드릴 영적 예배니라." 이는 우리 '몸'이 대표하는 바, 우리 삶 전체를 하나님께 드리라는 말입니다. 하나님께 삶을 드리는 것, 그것이 바로 영적 예배입니다. 한글 번역에 나타나는 '영적'이라는 말은 헬라어로는 '로기코스(logikos)'입니다. '말씀'을 뜻하는 헬라어 명사 '로고스(logos)'에서 파생된 이 형용사의 뜻은 '합리적인(reasonable)' 또는 '사려 깊은(thoughtful)' 입니다. 그렇게 볼 때, 우리가 '하나님께 예배를 드린다'는 의미는 바로 우리의 이성을 동원하여, 지, 정, 의가 어우러지는 방식으로 그분을 예배한다는 뜻입니다. 우리의 감정으로 드리는 예배는 아름답고 섬세하지만 거기에는 한계가 있습니다. 우리의 의지를 다해 드리는 예배는 감동적이지만 거기에도 역시 한계가 있습니다. 진정 우리를 영적으로 성숙시켜 주는 것은 우리의 이성이 동원된 전 인적 예배입니다. 그런 예배가 우리를 예수 그리스도의 장성한 분량 에 이르기까지 자라게 합니다. 그런데 어떻게 해야 그런 예배를 드릴 수 있을까요?

전인적인 예배를 드리기 위해서 우리는 먼저 생각하는 그리스도 인이 되어야 합니다. '하나님이 정말 이것을 기뻐하실까?' '내 삶의 의미는 진정 무엇일까?'에 대해 생각해야 합니다. 이성이 배제된 믿 음은 맹신이며, 그 같은 맹신은 우리를 파멸시킵니다. 예수님은 누 가복음 12:24절과 27-28절을 통해 말씀하십니다. "까마귀를 생각 하라 심지도 아니하고 거두지도 아니하며 골방도 없고 창고도 없 으되 하나님이 기르시나니 너희는 새보다 얼마나 더 귀하냐... 백합 화를 생각하여 보라 실도 만들지 않고 짜지도 아니하느니라 그러나 내가 너희에게 말하노니 솔로몬의 모든 영광으로도 입은 것이 이 꽃 하나만큼 훌륭하지 못하였느니라 오늘 있다가 내일 아궁이에 던 져지는 들풀도 하나님이 이렇게 입히시거든 하물며 너희일까보냐 믿음이 작은 자들아."

예수님은 우리에게 제발 생각을 좀 하라고 당부하십니다. 생각 을 하되 깊이 있게, 그리고 제대로 생각해 보라고 당부하십니다. 하 늘을 나는 새에 대해 한 번 깊이 있게 생각해 보라고 말씀하십니다.

들에 피어 있는 백합화에 대해 한 번 제대로 숙고해보라고 말씀하십니다. 그런 미물들도 하나님이 책임지고 기르시는데, 어찌하여 그의 자녀 된 우리의 삶을 하나님이 친히 책임져 주시지 않겠느냐고 말씀하십니다. 한 번만 제대로 생각해보면 알 수 있지 않느냐는 말씀을 하십니다. 진정 이에 대해 생각해본다면, 불필요한 근심과 불안의 노예 상태로부터 해방될 수 있지 않느냐고 물으십니다.

방금 읽은 본문에 따르면, '하나님을 믿는다'고 하면서도 제대로 생각하려 하지 않는 이들을 주님은 무엇이라고 부르셨습니까? 바로 '믿음이 작은 자들'이라고 부르셨습니다. 주님께서는 그들을 질타하셨는데, 이는 제대로 생각하지 않으면 결코 성숙한 믿음을 가질 수 없기 때문입니다. 그렇기 때문에 믿는 자는 생각하며 살고, 또 생각하며 믿어야 합니다.

그런데 그리스도인들은 무엇을 깊이 생각해야 할까요? 오늘 본문 히브리서 3:1에 그 답이 담겨 있습니다. "그러므로 함께 하늘의 부르심을 입은 거룩한 형제들아 우리의 믿는 도리의 사도이시며 대제사장이신 예수를 깊이 생각하라." 저는 오늘 우리 모두가 제대로 생각하는 그리스도인이 되기를 소원하며 〈예수를 깊이 생각하라〉는 제목으로 히브리서 3장 1절 말씀을 살펴 은혜를 나누고자 합니다.

어떤 옷을 입고 어떤 음식을 먹으며 어떤 집에 사는지 보다 무엇을 생각하는지가 그가 어떤 사람인지를 보여줍니다. 생각은 한 사람의 언어와 인격과 행동을 지배합니다. 추하고 더러운 생각을 하는 사람은 그가 아무리 좋은 환경에 놓여 있어도 더러운 말과 행동을 할 수밖에 없습니다. 반대로 아름다운 생각을 갖고 있는 사람은 비록 그가 처해있는 환경이 누추하고 고통스러울지라도 그의 말과 행동이 고상하고 아름답기 마련입니다. 이렇게 생각이 중요하기에, 마귀가 우리를 공격할 때 먼저 우리의 생각을 공격하는 것입니다. 마귀가 보통은 우리의 환경을 먼저 공격하지 않습니다. 도리어 우리의 생각 속에 악한 것들을 접붙이고자 노력합니다. 그리고 조금씩 생각을 지배하고 통제하려 합니다. 마귀가 인간의 생각을 통제하기 시작하면 그 삶을 지배하는 것은 시간문제입니다. 그 극명한 예가 바로 가룟 유다의 배반입니다. 요한복음 13:2는 다음과 같이 증언합니다. "마귀가 벌써 시몬의 아들 가룟 유다의 마음에 예수를 팔려는 생각을 넣었더라." 그런데 그 결과가 무엇이었나요? 바로 주 예수님을 배반하는 일이었습니다. "그 때에 열둘 중의 하나인 가룟유다라 하는 자가 대제사장들에게 가서 말하되 내가 예수를 너희에게 넘겨 주리니 얼마를 주려느냐 하니 그들이 은 삼십을 달아 주거늘 그가 그 때부터 예수를 넘겨줄 기회를 찾더라"(마 26:14-16).

사랑하는 여러분, 인간의 생각은 전쟁터입니다. '하나님의 생각을 갖느냐, 아니면 마귀의 생각을 갖느냐?'의 치열한 전쟁이 한 사람의 생각 가운데서 시작됩니다. 마귀가 우리의 생각을 틈타면 우리의 사고에 균열이 생기며 혼돈이 찾아오기 시작합니다. 우리 가치관이 흔들립니다. 우리 마음이 어두워지고 짜증이 극도로 증가합니다. 삶의 생기를 잃어버리고 하나님께 반항하게 되며 누가 봐도 이상한 행동을 하기 시작합니다. 타인에 대해 공격적 태도를 보이게 되고, 부정적, 비판적 사고가 잦아지며, 파괴적 미움과 분노가 내면에 자리잡고, 하나님의 생명으로부터 멀어집니다. 반면, 하나님의 말씀과 성령이 우리 생각에 임하면, 우리 내면이 빛을 받게 되고 우리 마음에 변화가 일어나기 시작합니다. 주님의 영은 우리 생각을 사로잡아 하나님께 순종하게 만듭니다(고후 10:5 참조).

기뻐하며 감사하는 이에게 하나님이 가장 먼저 허락하시는 것은 환경의 변화가 아닙니다. 사실 하나님은 우리의 환경을 꼭 바꿔 주신다고 약속하지 않으셨습니다. 그럼 하나님은 무엇을 바꾸어 주십니까? 바로 우리 생각을 바꾸어 주십니다. 빌립보서 4:4, 6-7을 보십시오. "주 안에서 항상 기뻐하라 내가 다시 말하노니 기뻐하라…아무것도 염려하지 말고 다만 모든 일에 기도와 간구로, 너희 구할 것을 감사함으로 하나님께 아뢰라 그리하면 모든 지각에 뛰어난 하나님의 평강이 그리스도 예수 안에서 너희 마음과 생각을 지키시리라." 주님의 평강이 우리 생각을 지켜 주시면, 즉 우리 마음이 변화를 받아 영적으로 강건해지면, 세상에 두려울 것이 없어집니다. 환경이 흔들리는 것이 아니라 우리 생각이 흔들리는 것입니다. 우리 내면이 흔들리면 삶의 모든 관계들도 흔들리게 됩니다. 그러나 내 생각이 주 안에서 견고하면, 흔들리던 환경도 정리됩니다. 또 환경이 바로 정리되지 않더라도 주님 주시는 평강을 우리 내면에서 계속 경험합니다.

그렇기에 잠언 4:23은 다음과 같이 선언합니다. "모든 지킬 만한 것 중에 더욱 네 마음을 지키라 생명의 근원이 이에서 남이니라."

사랑하는 여러분, 오늘 우리는 예배드리러 나왔습니다. 그런데 지금 여러분의 생각을 누가 지배하고 있나요? 지금 여러분의 생각은 하나님의 다스림을 받고 있나요? 아니면 세상의 통치를 받고 있나요? 오늘 예배가 마친 후에 이번 한 주간을 어떻게 사시겠습니까? 하나님이 기뻐하시는 길로 한 주 동안 나아가시겠습니까? 아니면, '이제 주일 예배 마쳤으니 한 주간 좀 편하게, 내 맘에 좋은 대로 살아보자'는 식으로 생각하고 계십니까?

하나님의 마음을 가진 이들을 가리켜 '하나님의 사람'이라고 합니다. 하나님의 사람은 그 생각과 말이 예수 그리스도를 점점 닮아가는 것입니다. 반대로 세상의 지배를 받는 이들은 점점 마귀가 주는 생각을 하게 됩니다. 로마서 8:5-6을 봅시다. "육신을 따르는 자는 육신의 일을, 영(성령)을 따르는 자는 영(성령)의 일을 생각하나니 육신의 생각은 사망이요 영(성령)의 생각은 생명과 평안이니라."

오늘 본문 히브리서 3:1이 말씀하는 대로, 우리의 생각이 예수님으로 가득 차기를 소원합니다.

'예수를 깊이 생각하라'는 말의 뜻

그런데 '예수를 깊이 생각하라'는 말의 의미는 무엇(what)인가요?

1. '예수를 깊이 생각하라'는 것은 하나님의 말씀을 깊이 상고하라는 뜻입니다. 예수님은 육신이 되신 말씀입니다(요 1:14). 때문에 '예수를 깊이 생각한다'는 말의 의미는 바로 말씀을 가까이하고 항상 삶 속에서 말씀을 묵상하고 적용하여 내 삶을 통해 그 말씀을 이룬다는 뜻입니다. 이것을 '말씀의 육화(肉化)'라고 합니다. 그 같은 맥락에서 구약의 여호수아 1:8은 다음과 같이 가르칩니다. "이 율법책을 네 입에서 떠나지 말게 하며 주야로 그것을 묵상하여 그 안에 기록된 대로 다 지켜 행하라 그리하면 네 길이 평탄하게 될 것이라 네가 형통하리라." 신약의 베드로전서 2:2 역시 이에 대해 가르칩니다. "갓난 아이들 같이 순전하고 신령한 젖[말씀]을 사모하라 이는 그로 말미암아 너희로 구원에 이르도록 자라게 하려 함이라."

사랑하는 여러분, 참으로 형통하길 원하십니까? 그렇다면, 하나님 말씀대로 사셔야 합니다. 하나님의 영인 성령은 그의 말씀인 성경을 통해 역사하시며 또 성경을 통해 우리를 가르치시고 훈계하십니다. 성령은 성경 말씀을 통해 우리가 무엇을 해야 하며 또 어떻게 살아야 할지를 보여주시고 우리 인생길을 인도하십니다. 그래서 시편 119:105는 다음과 같이 선포합니다. "주의 말씀은 내 발에 등이요 내 길에 빛이니이다!" 주의 말씀은 영의 양식(마 4:4)이고, 생명(요 6:36)이며, 영적 무기(엡 6:17)요, 능력(히 4:12)입니다. 하나님 말씀은 우리로 거듭나게 하고(벧전 1:23), 깨끗게 하며(요 15:3), 또 우리 영혼을 소성케 합니다! 우리는 하나님 말씀을 통해 길이요 진리요 생명이신 주님을 발견하며 그의 은혜와 사랑을 체험합니다. "너희가 내 말에 거하면 참으로 내 제자가 되고 진리를 알지니 진리가 너희를 자유롭게 하리라"(요 8:31, 32). 여러분! 그렇다면, 누가 진정 복 있는 자입니까? 바로 하나님 말씀과 함께 하는 이가 복 있는 자입니다(시 1:1-3).

2. '예수를 깊이 생각하라'는 것은 주의 얼굴을 지속적으로 구하라는 뜻입니다. 주님의 얼굴을 구하는 삶은 예수님 그분을 구하는 인생입니다. 예수님 알기를 더욱 추구하고, 예수님 그분 사랑하기를 더욱 구하는 인생입니다. 다른 말로 하면, 예수님이 인생의 지속적인 목적이 되고 목표가 되는 삶입니다.

그렇게 예수님을 인생의 목적과 목표로 삼아 주의 얼굴을 구할 때, 신앙과 삶에 근본적인 전환과 변화가 시작됩니다. 저는 사람들이 주의 얼굴을 구하는 삶을 실천하기 시작할 때 그 인생과 믿음에 본격적인 전환이 시작되는 것을 목격했습니다. 신앙은 단지 이론이나 지식, 방법론이 아니라 삶이요 행함이요 실천입니다(약 2:22, 26).

주님의 얼굴을 구하는 인생 안에는 무엇보다 하나님과의 친밀함이 존재합니다. 주님의 얼굴을 구하는 자는 하나님의 길을 알고 그 길을 따라가는 인생을 살게 됩니다. 그리고 그 삶 가운데 하나님의 은총이 머뭅니다. 모세는 구약시대 사람이었는데도 성령이 내주하였으며 신약시대 성도들마저도 부러워할 하나님과의 친밀함을 경험했습니다. 출애굽기 33:11을 보면, 친한 친구와 대화하듯 하나님이 모세와 친히 대면하여 말씀하셨다고 기록되어 있습니다.

아울러, 주님의 얼굴을 구하는 삶은 용기 있는 믿음으로 인도합니다. 용맹한 믿음은 주님과의 친밀한 교제에서 비롯됩니다. 우리는 홍해 앞에 선 모세에게서 바로 그런 믿음을 발견합니다. "모세가 백성에게 이르되 너희는 두려워하지 말고 가만히 서서 여호와께서 오늘 너희를 위하여 행하시는 구원을 보라 너희가 오늘 본 애굽 사람을 영원히 다시 보지 아니하리라 여호와께서 너희를 위하여 싸우시리니 너희는 가만히 있을지니라"(출 14:13, 14). 그런데 이미 말씀드린 대로 모세의 용기 있는 믿음은 바로 하나님의 얼굴을 구하는 삶, 즉 하나님과의 친밀함에서 비롯된 것이었습니다.

더 나아가 주님을 구하는 삶은 순종을 동반하며 또 세상에 대한 사랑을 제어합니다. 오늘날 성도들의 심령 가운데 그리고 교회 공동체들 가운데 세상 사랑이 가득함을 발견합니다. 돈에 대한 집착과 탐심이 하늘을 찌릅니다. 그런데 주님과의 친밀함 없이는 세상에 대한 그 같은 집착이 결코 제어되질 않습니다. 오늘날 주의 얼굴을 구하는 삶으로의 방향 전환이 그 어느 때보다 절실히 요구됩니다(시 24:3-6 참조).

3. '예수를 깊이 생각하라'는 것은 신령과 진정으로 주님을 예배하라는 뜻입니다. 예배는 신앙생활의 등뼈요, 교회의 사명입니다. 예배를 통해 하나님을 만나야 그분을 증거하는 삶을 살 수 있으며,

예배를 통해 하나님을 만나야 성도 간에 서로 화목하고 서로 사랑하는 삶(즉, '새 계명'의 실천)을 몸소 살아낼 수 있습니다. 그리고 예배를 통해 하나님을 만나야 참된 제자도가 가능합니다.

하나님은 이 땅을 두루 살피시며 성령과 진리로 예배드리는 자에게 눈길을 두십니다. 비록 소수가 모여 드리는 예배라 할지라도 성령과 진리로 예배드린다면 주님은 그곳을 주목하시고 그 가운데 임재 하십니다. "두세 사람이 내 이름으로 모인 곳에는 나도 그들 중에 있느니라"(마 18:20). '하나님이 임재하신다'는 말은 하나님이 그곳에 함께 거하시며 운행하시고 그의 일을 이루시고 그의 은혜와 생명을 부으신다는 뜻입니다.

하나님이 받으시는 예배를 한 마디로 요약하면, '신령과 진리로 드리는 예배'입니다(요 4:23-24). 여기서 '신령'은 성령을, '진정'은 진리를 뜻합니다. 예수를 깊이 생각하는 삶은 바로 성령과 진리로 주님께 예배드리는 인생입니다. 우리는 성령에 의한 예배를 드려야 합니다. 궁극적인 예배 인도자는 바로 성령이십니다. 그렇기에 우리는 성령의 인도하심을 따라 예배 드려야 합니다. 초대교회의 예배 모습이 바로 그러했습니다(고전 14:26 참조). 또한 우리는 진리로 주님께 예배 드려야 합니다. 우리는 하나님을 신뢰하며 예배해야 합니다. 성경이 가르쳐 주시는 바가 우리 감정보다 우선합니다.

하나님의 생명, 기쁨, 복은 성령과 진리로 예배드리는 자와 함께 합니다. 성령과 진리의 예배 가운데 진정한 변화가 있고, 인생의 참

전환이 있습니다. '예수를 깊이 생각하는 사람'이란 바로 성령과 진리로 주님께 예배드리는 자입니다.

예수를 깊이 생각해야 하는 이유

지금까지 '예수를 깊이 생각하라'는 말의 의미를 살폈습니다. 그런데 우리가 왜(why) 예수를 깊이 생각해야 할까요? 오늘 본문 히브리서 3장 1절 안에 그에 대한 답이 들어 있는데요. 바로 예수 그리스도가 우리가 고백하는 신앙의 사도이시기 때문이고, 동시에 예수 그리스도가 우리의 대제사장이시기에 그렇습니다.

'사도(apostle)'는 하나님이 보낸 자를 의미합니다. 한편, '대제사장 (high priest)'은 인간의 모든 허물과 죄를 대신해서 하나님 앞에 나아가는 역할을 하는 사람입니다. '사도'는 하나님으로부터 인간에게로 오는 자인 반면, '대제사장'은 인간의 입장을 대변하여 하나님께로 나아가는 자입니다. 예수 그리스도는 하나님을 대신하여 인간에게로 오신 분이요 동시에 인간을 대신하여 하나님께 나아가신 분입니다. 예수 그리스도는 실로 하나님과 우리 사이의 유일한 중보자시며 또 우리 신앙의 내용 그 자체이십니다(히 7:25-26 참조). 그렇기에 우리는 예수님을 깊이 생각해야 합니다.

예수를 제대로 믿는 사람은 예수를 말하고 예수를 생각하고 예수를 찬양하며 예수를 전하기 마련입니다. 예수와 함께 눈 뜨고 예수와 함께 눈 감고 예수와 함께 숨 쉬고, 예수와 함께 행하며, 예수와 함께 안식합니다. 주 예수께 삶의 모든 영역을 내어 드립니다. 모든 일, 모든 관계에 주 예수님을 초청합니다. 한편, 예수 없는 사람의 인생은 마귀의 손아귀에 놓여 있습니다. 예수 있는 삶과 예수 없는 삶의 대조가 이처럼 극명하기에 마귀는 인간이 예수께 나아가지 못하게 하려고 안간힘을 씁니다. 마귀는 예수를 제대로 못 믿게 하려고 다음과 같이 유혹합니다.

"그래, 교회는 나가라. 그렇지만 형식과 습관으로만 다녀라. 교회 나가 봤자 다 그게 그것이고, 설교도 다 뻔하다. 너도 이미 교회 좀 다녀 보지 않았냐? 교회 아예 안 나가자니 조금 찜찜할 테니, 가서 앉아서 졸다가 헌금이나 좀 하고 와."

마귀의 이 같은 유혹에 넘어간 이들은 교회에 몸만 왔다 갔다 할 뿐 주님을 기쁘시게 하는 일에는 관심이 없습니다. 그런 이들은 하나님이 이사야 선지자를 통해 주신 책망의 말씀에 귀 기울여야 합니다. "너희가 내 앞에 보이러 오니 이것을 누가 너희에게 요구하였느냐 내 마당만 밟을 뿐이니라"(사 1:12).

마귀가 우리에게 놓는 또 다른 유혹의 덫이 있는데 바로 우리의 알량한 자존심을 자극하는 것입니다. 마귀는 이렇게 속삭입니다. "네가 얼마나 귀중하고, 네 자아와 자존심이 얼마나 소중하니…. 근데 자존심까지 상하면서까지 교회에 무엇 하러 나가니? 진짜 중요한 것은 바로 너 자신이야. 네가 먼저 있고 그 다음에 예수가 있는 거야.

군이 손해까지 보면서 희생까지 하면서 교회에 나가지 마. 네가 자존심에 상처를 입거나 욕먹고 오해받으면서까지 그까짓 교회에 나갈 이유는 없어." 마귀는 이렇게 예수님의 거하실 우리 마음의 중심자리(계3:20)에 우리 스스로에 대한 중독적 애착을 조장합니다. 우리가 하나님 없이도 살 수 있다고 속삭입니다. 속지 마십시오. 주님 없이 우리는 아무 것도 할 수 없습니다. "나를 떠나서는 너희가 아무 것도 할 수 없음이라"(요 15:5).

'예수를 깊이 생각하는 사람'이란 과연 누구를 가리키는가?

지금까지 '예수를 깊이 생각하라'는 말의 뜻을 살펴봤고 또 예수를 깊이 생각해야 하는 이유에 대해 살펴봤습니다. 그런데 누가(who) 예수를 깊이 생각하는 사람입니까? 누가 예수를 깊이 생각할 수 있나요? 오늘 본문 히브리서 3장 1절은 아무나 예수를 깊이 생각할 수 있다고 주장하지 않습니다. 오늘 본문은 "함께 하늘의 부르심을 받은 거룩한 형제들"만이 예수를 깊이 생각할 수 있다고 증언합니다. 제가 오늘 길거리에 나가 "예수를 깊이 생각하라!"고 선포한다면 지나가는 사람들이 "저 인간 미쳤나?"하고 비아냥거리고 손가락질할 겁니다. 그러나 지금 여기 모인 성도 여러분은 똑같은 말씀을 은혜롭게 또 진지하게 받습니다. 그런데 동일한 이야기를 진지하게 받는 여러분과 그 이야기를 들으면서 손가락질을 할 이들 간의 본질적 차이는 무엇입니까? 바로 여러분은 하나님으로부터 거룩한 부름을 받았다는 사실입니다(히 3:1; 요 15:16; 딤전 6:1). 아무나 예수를 깊이 생각하라는 말씀을 듣지 않습니다. 세상에 속한 자들은 주의 말씀을 들어도 그 의미를 제대로 깨닫지 못합니다. 반면, 하나님의 사람들은 주의 말씀을 이해하고 달게 받아먹습니다. 이제 누가 우리들의 궁극적인 사도이시며 대제사장이신 예수를 깊이 생각하는 자인지 조금 더 구체적으로 살펴보겠습니다.

1. 예수를 깊이 생각하는 사람은 하나님이 부르신 이들입니다. '내가 언제 어떻게 하나님의 부르심을 받았지? 나는 그 분의 음성도 아직 들어본 일이 없는데…'라고 말하는 분이 계시다면, 저는 이렇게 답하겠습니다. 여러분이 지금 이 자리에 끌려왔든, 자기 발로 걸어왔든 하나님이 부른 사람입니다. 하나님이 부르지 않은 사람은 이 자리를 견딜 수 없을 것입니다.

여기서 특별히 '누가 불렀는가?'가 중요합니다. 예를 들어, 대통령이 누군가를 불러 "당신, 장관하시오!"라고 말하면 대부분의 경우는 그대로 실현됩니다. 하지만 제가 누군가를 불러 "당신, 장관하시오!"라고 말했다고 해서 그 사람이 실제 장관이 될 가능성은 매우 낮습니다. 방금 말씀드린 대로, '누가 불렀는가?'가 중요합니다. 대통령이 불러서 장관하라고 해야 장관이 되는 것입니다. 제가 불러서 같은 이야기를 하면 좋게 말하면 덕담, 또는 헛소리에 그치게 됩니다. 덕담으로 받아들여진다 해도 그대로 실현될 가능성은 매우 낮습니다.

그런데 여러분, 누가 여러분을 그리스도의 십자가 앞으로 불렀습니까? 대통령입니까? 아니면 설교자인 저입니까? 여러분, 대통령이나 제가 여러분을 십자가 앞으로 부른 것이 아닙니다. 하나님이 여러분을 십자가 앞으로 불러 주셨습니다. 이사야 선지자는 다음과 같이 주의 말씀을 대언합니다. "내가 너를 구속하였고 내가 너를 지명하여 불렀나니…"(사 43:1 [롬 1:6 참조]).

2. 예수를 깊이 생각하는 사람은 성도(거룩한 자, 구별된 자)입니다. 여기서 '거룩하다'는 것은 구별되었다(set apart)는 뜻입니다. 여러분은 하나님이 세상으로부터 구분, 구별한 이들입니다. 그런데 만일 그게 사실이라면, 우리의 말이 세상에 속한 이들의 언행과는 달라야 하지 않겠습니까? 우리의 생각이 세상의 지배를 받는 이들과는 달라야 하지 않겠습니까? 우리의 삶이 세상 중심으로 사는 이들의 인생과는 달라야 하지 않겠습니까? '성도(거룩한 자)'란 구별된 사람입니다. 그렇기에 성도는 세상에 속한 이들과는 달라야 합니다. 요즘 '예수 믿는다'하며 좋지 않은 의미에서만 남들과 구분되는 이들이 적지 않습니다. 이들은 예수를 이용하려 들고 예수를 자기 성공과 만족을 위한 수단으로 삼습니다. 그러니까 기복주의와 번영신학에 빠져 있는 것이죠. 그러나 여러분은 그런 나쁜 쪽이 아니라 예수님을 닮은

좋은 쪽으로 남들과 구별이 되어야 합니다. 기꺼이 손해 보는 쪽으로 남들과 달라지십시오. 기꺼이 희생하는 쪽으로 남들과 구분되십시오. 주님 뜻에 따라 기꺼이 삶을 조정하고 대가를 지불하는 쪽으로 세상과 구별돼야 합니다. 요즘 '예수 믿는다'는 사람들이 너무나 영악합니다. 절대로 손해를 보려 하지 않습니다. 예수님은 우리를 위해 십자가 위에서 물과 피를 다 쏟으셨는데 예수 믿는다 말하면서 조금이라도 손해를 보면 참지 못합니다.

여러분, 조금이라도 세상과는 진정 다름을 보여주십시오. 먼저 주변 사람들에게 여러분의 다름을 보여주십시오. "교회 가 봤자 말짱 헛일이다." "저 인간 보니까 괜히 스트레스 해소하러 교회 나가는구나." 이런 말 들으면 안 됩니다. 뭔가 세상 사람과는 달라야 합니다. 생각하는 것이 다르고 말하는 것도 다르고 행동하는 것이 달라야 합니다. 한 마디로 삶의 성격과 그 동력에 있어 세상 사람들과는 구별돼야 합니다. 그런데 세상의 방식과 구별된 인생이란 어떤 삶을 말하나요? 여기서 리처드 포스터의 가르침이 우리에게 도움이 되는데요, 그는 성도(크리스천)의 삶의 성격을 '단순한 삶', '섬기는 삶', '순종하는 삶', '나누는 삶' 이상 네 가지로 규정했습니다.

＊단순한 삶. 예수 믿는 사람은 그 삶의 양식이 단순해야 합니다. 먹는 것이 단순하고 입는 것이 단순하고 생각하는 것이 단순해야 합니다. 디모데전서 6:7-8은 이러한 거룩한 단순함에 대해

말합니다. "우리가 세상에 아무 것도 가지고 온 것이 없으매 또한 아무 것도 가지고 가지 못하리니 우리가 먹을 것과 입을 것이 있은즉 족한 줄로 알 것이니라."

＊섬기는 삶. 성도의 인생은 섬김을 받기보다 섬기는 삶이 되어야 합니다. 마태복음 20:26-28을 통해 주님은 이에 대해 선명하게 말씀하셨습니다. "너희 중에 누구든지 크고자 하는 자는 너희를 섬기는 자가 되고 너희 중에 누구든지 으뜸이 되고자 하는 자는 너희의 종이 되어야 하리라 인자가 온 것은 섬김을 받으려 함이 아니라 도리어 섬기려 하고 자기 목숨을 많은 사람의 대속물로 주려 함이니라."

＊순종하는 삶. 순종은 하나님을 향한 인간의 본분입니다(전 12:13). 예수님의 겟세마네 기도는 다름 아닌 하나님에 대한 순종의 기도였습니다. 그리고 순종하는 자가 바로 예수님의 가족입니다. 주님께서 친히 말씀하셨습니다. "누구든지 하늘에 계신 내 아버지의 뜻대로 하는 자 [즉, 하나님께 순종하는 자]는 내 형제요 자매요 모친이니라"(마 12:50).

＊나누는 삶. 크리스천의 삶은 기꺼이 나누는 인생이 되어야 합니다. 물질도 나누고 시간도 나누고 지식도 나누고 모든 것을 나누는 것입니다. 특별히 예수 그리스도를 나눠야 합니다! 자신의 결핍에 몰두하는 사람은 절대 남과 나누고 타인에게 베풀지 못합니다. 하나님이 주신 것을 묵상하고 감사하는 이가 기쁨으로

나눌 수 있습니다(행 3:1-8 참조). 여러분이 바로 그런 나눔의 사람이 되시기를 주님의 이름으로 축원합니다. 예수님이 누가복음 6:38에서 우리에게 명하신 말씀을 기억하십시오. "주라 그리하면 너희에게 줄 것이니 곧 후히 되어 누르고 흔들어 넘치도록 하며 너희에게 안겨주리라 너희가 헤아리는 그 헤아림으로 너희도 헤아림을 도로 받을 것이니라."

주님이 부르사 세상으로부터 구별해 내신 자답게 아름다운 인생을 사는 여러분 되시기 바랍니다. 거룩한 단순함의 삶, 거룩한 섬김의 삶, 거룩한 순종의 삶, 거룩한 나눔의 삶을 실천하는 여러분 되시기 바랍니다.

3. 예수를 깊이 생각하는 자란 바로 주 안에 있는 형제, 자매들의 공동체입니다. 여기서 '형제, 자매들'이란 단어가 얼마나 아름다운 표현인지 모릅니다. 우리는 주 안에서 한 형제요 자매입니다. 하나님을 '아빠 아버지'라 부르는 한 형제, 자매입니다. "무릇 하나님의 영으로 인도함을 받는 사람은 곧 하나님의 아들이라 너희는 다시 무서워하는 종의 영을 받지 아니하고 양자의 영을 받았으므로 우리가 아빠 아버지라고 부르짖느니라"(롬 8:14-15).

교회는 하나님의 집이요 성도는 하나님이 부르신 하나님 백성의 공동체입니다. 교회는 결단코 계급사회가 아닙니다. 그런데도 교회 안에서 왜들 그렇게 싸울까요? 많은 경우, 교회 내의 직분을 섬김의 역할로 보지 않고 일종의 신분 혹은 계급으로 오해하기에 그렇게 들 싸우는 겁니다. 계급사회에는 투쟁이 있는 법이죠! 그러나 우리가 주 안에서 하나 된 형제, 자매로 서로를 받아들이면 싸울 이유나 근거가 없습니다. "형님 먼저, 아우 먼저!"하는 것이 교회 공동체의 정신입니다. 사도 바울이 가르친 대로 우리는 그리스도 예수 안에서 형제요 자매이며, 그리스도의 보배로운 피로 하나 된 식구요 가족입니다. 우리는 하나님의 권속입니다(엡 2:19 [갈 3:28-29 참조]).

●　∙　∙　●

오늘 〈예수를 깊이 생각하라〉는 주제로 히브리서 3장 1절 말씀을 같이 나누었는데 그 내용을 간단히 정리해 보겠습니다. 먼저 '예수를 깊이 생각하라'는 의미는 무엇(what)입니까? 말씀을 깊이 상고하고, 주의 얼굴을 지속적으로 구하며, 성령과 진리로 예배하라는 뜻입니다. 그런데 왜(why) 예수를 깊이 생각해야 합니까? 다시 말해 예수님이 어떤 분이기에 그를 깊이 생각해야 합니까? 그가 사도이시며 대제사장이시기 때문에, 우리의 유일한 중보자시고 우리의 신앙고백 그 자체이기 때문에 우리는 그를 깊이 생각해야 합니다(히 12:2). 그러면, 누가(who) 예수를 깊이 생각할 수 있는 자인가요? 하나님이 불러 세상으로부터 구별하신(set part) 이들, 주 안에서 형제, 자매의 공동체를 이룬 우리가 바로 예수를 깊이 생각할 수 있는 자요 또 예수를 깊이 묵상해야 하는 자들입니다. 여러분이 주 예수 그리스도를 깊이 생각하시기를 그리고 예수님을 깊이 생각하는 여러분의 삶이 주님 생명의 향기가 되기를 그리스도의 이름으로 축원합니다!

제2장

가장 크고 귀한 선물

하나님이 세상을 이처럼 사랑하사 독생자를 주셨으니
이는 그를 믿는 자마다 멸망치 않고
영생을 얻게 하려 하심이라(요 3:16)

우리가 사는 현 시대는 '황금만능주의시대'입니다. 인간이 돈의 노예로 전락한 시대라고 하지 않을 수 없습니다. 많은 이들이 돈만 있으면 무엇이든 다 할 수 있다고 믿고 또 그렇게 고백하고 있습니다. 그런데 그 말이 정말 사실일까요? 정말 돈이면 뭐든지 다 할 수 있을까요?

2009년 11월 중순, 한국을 대표하는 기업 총수의 막내딸이 외국 땅에서 스스로 목숨을 끊은 안타까운 일이 있었습니다. 저 역시 자식을 둔 입장에서 당시 그 같은 비보를 접한 부모가 경험했을 충격과 슬픔을 생각하면, 그 가정 가운데 주의 위로와 평강이 임하기를 기도하지 않을 수 없었습니다.

한 가정이 당한 이런 비극적 사건을 굳이 언급하는 것은 참 생명에 관한 교훈을 나누기 위함입니다. 부모의 천문학적인 재산이 스물여섯 된, 사랑하는 막내딸의 죽음을 막지는 못했습니다. 세상을 떠날 당시 그 막내딸의 재산만 2,200억 원이었다고 합니다. 우리나라에 2,200억 원의 재산을 소유한 사람이 몇이나 되겠습니까? 그 만큼의 재산을 소유하면 마치 무엇이든 다 할 수 있을 것 같지 않습니까? 그런데 그 엄청난 재산이 이 한 젊은이의 생명을 지키는 데 아무런 역할을 하지 못했습니다. 이 비극적 사건은 맘몬이 우상이 되어버린 우리 사회에 잊을 수 없는 큰 충격을 남겼습니다.

황금만능주의에 결코 속지 마십시오. 은과 금으로는 절대 참 생명을 보장할 수 없습니다. 은과 금은 이 세상에서 우리 삶을 안락하고 편안하게 해 주곤 합니다. 그러나 은과 금이 이 땅에서 우리 호흡이 멎는 그 순간 우리를 주님 품으로 인도해주지는 못합니다. 이 세상에서의 삶을 종착역으로 여기지 않고 영원이라는 목적지를 향해 나아가는 여정으로 바라보는 우리 그리스도인들에게 있어, 은과 금은 삶의 한 도구일 뿐 그 자체로 목적, 목표가 될 수는 없습니다. 그리스도인의 목적, 목표는 언제나 우리 주 예수 그리스도뿐입니다. 자신의 죽음을 통해 우리의 죗값을 치르시고 사흘 만에 부활하신 예수 그리스도 안에만 참 생명, 영원한 생명이 존재합니다. 다음 말씀을 꼭 기억하십시오. "내[예수 그리스도]가 곧 길이요 진리요 생명이니 나로 말미암지 않고는 아버지께로 올 자가 없느니라!"(요 14:6).

여러분은 지금 무엇을 붙들고 사십니까? 미국인 작가 윌리엄 패

더의 글 가운데 아주 슬픈 이야기가 있습니다. 한 사람이 소년 시절 길에서 5달러짜리 지폐를 주웠습니다. 그 뜻하지 않은 행운이 얼마나 기쁘고 즐거웠던지 이 소년은 평생 땅만 보고 걷기로 작정합니다. 훗날 그가 일생 동안 주운 물건을 세어보니 단추 29,519개, 머리핀 54,172개, 그리고 동전 수 천 개 등이었습니다. 그는 평생 눈앞의 행운과 길바닥의 요행을 좇아 열심히 길을 걷고 또 걸었습니다. 하지만 푸른 하늘, 아름다운 꽃, 넓고 큰 바다를 바라볼 기회는 놓치고 말았습니다. 그의 삶은 그저 넝마주이 인생이 되고 만 것이죠.

여러분은 오늘 무엇을 좇아 수고하며 땀 흘리고 있습니까? 여러분의 시선을 어디에 두고 계십니까? 혹시 잠깐 보이다가 20년, 30년 후면 없어지는 '안개'(약 4:14)에 시선을 고정하며 살고 있지는 않습니까? 저는 이 세상의 모든 것이 너무나 유한하고 허무함을 알기에 주 예수를 알지 못하는 이들, 예수를 믿지 않는 사람들이 과연 무엇을 붙들고 사는지가 매우 궁금합니다.

지혜의 왕 솔로몬의 고백을 기억하십니까? 그는 전도서 시작부에서 이렇게 말합니다. "전도자가 가로되 헛되고 헛되며 헛되고 헛되니 모든 것이 헛되도다 사람이 해 아래서 수고하는 모든 수고가 자기에게 무엇이 유익한고… 내가 해 아래서 행하는 모든 일을 본즉 다 헛되어 바람을 잡으려는 것이로다"(1:2, 3, 14). 그렇게 전도서를 시작한 솔로몬은 책의 마지막 부분에서 다음과 같이 고백합니다. "너는 청년의 때 곧 곤고한 날이 이르기 전, 나는 아무 낙이 없다고 할

해가 가깝기 전에 너의 창조자를 기억하라!"(전 12:1) 그는 마치 자신의 유언과도 같은 다음 말씀으로 전도서를 맺습니다. "일의 결국을 다 들었으니 하나님을 경외하고 그 명령을 지킬지어다 이것이 사람의 본분이니라 하나님은 모든 행위와 모든 은밀한 일을 선악간에 심판하시리라"(전 12:13-14). 그런데 솔로몬은 왜 그같이 고백했을까요? 바로 창조주 하나님을 기억하는 것만이 모든 문제에 대한 근본적 해결이기 때문입니다. 또 창조주 하나님을 기억하는 것만이 우리 인생에 궁극적 의미를 부여해주기 때문입니다.

사실 하나님이 계시지 않는다면 이 우주의 운행 자체가 불가능함을 보여주는 여러 증거들이 있습니다.

* 지구는 시간당 1,600km의 속도로 지축을 중심으로 자전하고 있습니다. 만약 지구가 자전 속도를 1/10로 줄여 시간당 160km 속도로만 자전한다면 밤과 낮의 길이가 10배 늘어납니다. 그렇게 되면 낮이 120시간, 그리고 밤이 또 120시간이 되어 낮의 태양이 모든 식물을 태워 죽일 것이고, 밤의 추위 때문에 모든 생명이 얼어 죽을 것입니다. 하지만 지구는 매시간당 1,600km의 속도를 잘 유지하며 지금도 돌고 있고, 하루 24시간 내에서 낮과 밤이 계절을 따라 오묘하고 적절하게 교차하고 있습니다.
* 지구와 태양은 정확하게 그 거리를 유지하고 있습니다. 태양의

표면은 섭씨 6,000도입니다. 태양과의 거리가 조금만 더 가까워지면 지구는 다 타버릴 것이요, 또 조금만 더 멀어진다면 지구는 곧 얼음덩이가 되고 말 겁니다.

＊지구는 23도 기울어져 있습니다. 지구가 23도 기울어져 있기에 우리에게 사계절이 있습니다. 그 각도만큼 기울어 있지 않았다면 바다에서 증발된 수증기는 전부 남쪽, 북쪽으로 이동하여 온 대륙을 얼음으로 채웠을 겁니다.

＊대기권의 정확한 두께 역시 놀랍습니다. 대기권이 지금보다 더 얇으면 하루에도 수백만 개의 별똥별들이 대기권을 통과하여 지구 표면에 떨어져서 순식간에 지구를 불바다로 만들 것입니다. 그러나 그런 일이 일어나지 않고 있죠. 이는 대기권이 오묘하도록 정확한 두께 때문입니다.

여러분, 그런데 이 모든 일들이 그저 우연(accident)이겠습니까? 이 일들은 결코 우연에 의한 것이 아닙니다. 성경은 이 일들이 창조주 하나님을 계시해 준다고 말합니다. "하늘이 하나님의 영광을 선포하고 궁창이 그 손으로 하신 일을 나타내는도다!"(시 19:1) 또한 성경은 창조주 하나님이 우리를 사랑하신다고 명시적으로 말하는데요. 특별히 오늘 본문인 요한복음 3:16에 근거해서 그것에 대해 같이 살펴보도록 하겠습니다. "하나님이 세상을 이처럼 사랑하사 독생자를 주셨으니 이는 그를 믿는 자마다 멸망치 않고 영생을 얻게 하려 하심이라"(요 3:16).

창조주 하나님의 사랑

창조주 하나님께서 우리를 사랑하십니다. 하나님은 그저 우주 저 멀리서 우리를 무관심하게 바라보는 분이 아닙니다. 하나님은 우리 곁에서 우리를 사랑해 주시는 분입니다. 학창시절을 떠올리면 여러 은사분들이 생각납니다. 저를 무척이나 사랑해 주시던 선생님들, 그리고 저에게 그다지 관심이 없던 선생님들, 또 저를 힘들게 했던 선생님들이 생각납니다. 그런데 그 중 오늘의 저를 만들어 주신 분들은 바로 저를 사랑해 주셨던 은사님들입니다. 제게 꿈과 희망을 주시고 행복을 가르쳐 주신 분들도 역시 저를 사랑해 주셨던 은사님들이었습니다.

제가 오래 전 학창 시절의 이야기를 잠시 했지만 지금도 역시 마찬가지입니다. 우리에게 진정 격려가 되고 선한 영향을 끼치는 분들은 바로 우리를 사랑해주는 분들입니다. 이런 분들이 우리 삶을 행복하게 해 줍니다. 그런 분들만 생각해도 행복한데 천지의 창조주시며 우리 인생과 모든 만물을 주관하시는 하나님께서 우리를 사랑하신다니 이 얼마나 놀라운 사건이며 우리를 행복하게 만드는 일입니까? 이 얼마나 감격스러운 일입니까?

오늘 본문 말씀인 요한복음 3:16을 다시 한 번 읽겠습니다. "하나님이 세상을 이처럼 사랑하사 독생자를 주셨으니." 그런데 왜 하나님은 세상을 이토록 사랑하시는 걸까요? 이 지구라는 땅덩이는 광활한 우주 가운데서 얼마나 보잘것없는 행성입니까? 태양계에서 지구는 그저 작은 별 하나에 불과합니다. 태양만 살펴봐도 그 크기가 지구의 109배입니다. 그런데 그 태양도 은하계에서 그리 큰 별은 아닙니다. 태양보다 1,000배, 지구보다 10만 배 큰 별들이 은하계에는 무수합니다. 그리고 우주에는 은하계가 1천 억 개나 된다고 합니다. 하나님은 은하계에 널려 있는 크고 아름다운 별들이 아니라 왜 굳이 이 지구를, 이 세상을, 거기에 살고 있는 저와 여러분을 사랑하시는 걸까요? 이 우주 속에서 작은 행성인 지구 하나 없어진다고 무슨 대단한 일이라도 생기는 것일까요? 하나님이 저와 여러분을 이렇게 사랑해야 할 무슨 의무라도 있는 것일까요? 왜 하나님은 우리를 사랑하신다고 말씀하는 것일까요? 왜 우리를 바라볼 때마다 '귀하다, 존귀하다, 사랑스럽다' 말씀 하실까요? 이것은 하나님의 은혜를 빼고는 설명이 제대로 되지 않습니다. 하나님이 우리를 사랑하신다는 사실 자체가 기적입니다. 이것이 기적이 아니라면 도대체 무엇이 기적이란 말입니까? 이 세상에 이보다 큰 기적은 없습니다.

우리를 사랑하시기에 내어 주신 독생자

하나님께서 우리를 사랑해서 가장 크고 귀한 선물, 예수 그리스도를 우리에게 선물로 주셨습니다. 하나님이 세상을 이처럼 사랑하사 자신의 독생자를 내어 주셨습니다. 우리를 사랑하시는 하나님이 주시는 최대, 최고, 최선의 선물은 바로 독생자 예수 그리스도이십니다.

왜 예수님이 가장 귀한 선물입니까? 하나님이 갖고 계신 것 중 가장 소중한 존재가 바로 자신의 독생자이기 때문입니다. 하나님의 독생자는 태초부터 하나님과 함께 계셨던 분이시고, 함께 천지를 창조하신 분이십니다(창 1:1). 하나님이 그 독생자를 우리를 위한 선물로 내어 주셨습니다.

> 태초에 말씀이 계시니라 이 말씀이 하나님과 함께 계셨으니 이 말씀은 곧 하나님이시니라 그가 태초에 하나님과 함께 계셨고 만물이 그로 말미암아 지은 바 되었으니 지은 것이 하나도 그가 없이는 된 것이 없느니라… 말씀이 육신이 되어 우리 가운데 거하시매 우리가 그 영광을 보니 아버지의 독생자의 영광이요 은혜와 진리가 충만하더라… 본래 하나님을 본 사람이 없으되 아버지 품 속에 있는 독생하신 하나님이 나타내셨느니라… 하나님이 세상을 이처럼 사랑하사 독생자를 주셨으니 이는 저를 믿는 자마다 멸망치 않고 영생을 얻게 하려 하심이니라(요1:3, 14, 18; 3:16)

예수님은 하나님께서 오래 전부터 우리를 위해 준비하신 선물입니다. 인간이 범죄하는 그 순간부터 하나님은 독생자를 보내 인간을 구원할 것을 약속하셨습니다(창 3:15). 구약의 모든 내용과 사건은 예수 그리스도의 오심과 사역을 준비하고 있습니다. 하나님께서 우리의 구원을 위해 오랜 시간 소중히 준비해 둔 선물이 바로 그의 독생자입니다.

예수 그리스도는 우리에게 가장 절실히 필요한 선물입니다. 인간에게 가장 필요한 것은 사실 돈도, 집도, 좋은 옷도, 권세도, 멋진 외모도 아닙니다. 인간에게 가장 절실히 필요한 것은 바로 구원인데, 오직 예수 그리스도만이 인류의 유일한 구세주가 되십니다. "다른 이로서는 구원을 얻을 수 없나니 천하 인간에 구원을 얻을 만한 다른 이름을 우리에게 주신 일이 없음이라 하였더라"(행 4:12).

예수님은 하나님이 우리에게 주신 최대, 최고, 최선의 선물입니다. 이 지구가 생긴 이래 가장 복된 날은 하나님의 독생자께서 사람이 되신 그 날입니다. 이 날은 인류의 참 자유가 탄생한 날이며 구원의 오랜 꿈이 실현된 날입니다. 죄 중에 고민하던 이들과 신음 가운데 하나님의 아들이 나타나기를 고대하던 이들이 용서의 소리를 들은 날입니다. 이 날은 낡은 세대의 종식을 알리고 새 시대를 시작한 날입니다. 잘 아시는 대로 인류의 역사는 예수님의 탄생 이전(B.C.)과 탄생 이후(A.D.)로 구분되는데 이는 그리스도께서 역사의 중심이심을 잘 보여줍니다.

하나님께서 그 소중하신 독생자를 저와 여러분 대신 십자가에 내어 주셨습니다. 예수님께서 십자가에 달려서 외친 "엘리엘리 라마 사박다니"(즉, "나의 하나님 나의 하나님, 어찌하여 나를 버리시나이까?")는 원망의 절규가 아닙니다. 이는 "아버지, 알았어요. 아버지는 제게 이같은 형벌을 내리고라도 인간들을 살리기 원하셨군요!"라는 깨달음의 외침입니다. 그 극심한 고통의 순간, 태양도 눈을 감았는지 어둠이 땅을 덮었습니다. 하나님이 너무나 안타까워 발을 동동 구르셨는지 땅이 진동했습니다.

예수님은 우리가 버림받아야 할 그 자리에서 대신 버려지셨습니다. 십자가에 못 박혀 몸 찢기고 피 흘려 죽기까지 버림을 받으셨습니다. 유대인에게 십자가는 저주받음의 상징이었고(신 21:23; 갈 3:13), 로마인에게 있어 십자가는 황제에 대항한 실패한 정치범의 참혹한 최후를 뜻했습니다. 그러나 예수님이 당하신 십자가의 고통은 대속적 고통이었습니다. 죄 지은 모든 인간 각자가 감당해야 할 바로 그 고통을 주 예수님이 대신 지셨습니다. "그는 실로 우리의 질고를 지고 우리의 슬픔을 당하였거늘 우리는 생각하기를 그는 징벌을 받아서 하나님에게 맞으며 고난을 당한다 하였노라 그가 찔림은 우리의 허물을 인함이요 그가 상함은 우리의 죄악을 인함이라 그가 징계를 받음으로 우리가 평화를 누리고 그가 채찍에 맞음으로 우리가 나음을 입었도다 우리는 다 양 같아서 그릇 행하며 각기 제 길로 갔거늘 여호와께서는 우리 무리의 죄악을 그에게 담당시키셨도다"(사 53:4-6).

하나님의 사랑은 용서받을 자격이 없는 인간을 용서하는 사랑입니다. 구원받을 자격 없는 인간을 구원하시는 사랑입니다. 하나님은 당신의 독생자를 십자가에 내어 주실 만큼 우리를 사랑하셨습니다. 우리가 저주받도록 내버려둘 수가 없어 당신의 외아들을 저주의 자리에 내어주시기까지 우리를 사랑하셨습니다. "그리스도께서 우리를 위하여 저주를 받은 바 되사 율법의 저주에서 우리를 속량하셨으니 기록된 바 나무에 달린 자마다 저주 아래 있는 자라 하였음이라"(갈 3:13).

우리가 받아들여야 할 하나님의 선물

그런데 어떻게 이 선물을 받을 수 있습니까? 겸손히 손 내밀어 받기만 하면 됩니다. 하나님의 선물에는 대가가 없습니다. 사실 그 대가는 예수님이 이미 십자가에서 대신 다 치르셨습니다. "친히 나무에 달려 그 몸으로 우리 죄를 담당하셨으니 이는 우리로 죄에 대하여 죽고 의에 대하여 살게 하려 하심이라 저가 채찍에 맞음으로 너희는 나음을 얻었나니"(벧전 2:24).

이 선물은 그저 겸손함과 감사함으로 받으면 되는 선물입니다. 우리 삶 가운데 선함이 모자라도 괜찮습니다. 우리가 연약하고, 부족해도 괜찮습니다. 우리 삶이 지금 마치 걸인 같거나 외로운 고아 같아도 괜찮습니다. 하나님께 겸손히 나오십시오. 예수 그리스도를 주와 구주로 맞아들이십시오. 겸손히 손 내밀어 하나님의 선물인 예수 그리스도를 받아들이십시오.

우리가 구원받는 길은 오직 예수님 한 분 밖에 없습니다. 예수님은 자신이 길, 진리, 생명이심을 분명하게 선포하셨습니다(요 14:6). 예수님 자신이 구원의 길입니다. 예수님 자신이 바로 진리입니다. 예수님 자신이 바로 생명입니다. 하나님의 사랑이 온 우주에 가득 차고, 예배 가운데 흘러넘치고, 이 강단에서 폭포수처럼 홍수처럼 쏟아져도 여러분이 겸손으로 마음을 열어 예수 그리스도를 주와 구주로 받아들이지 않는다면 여러분은 주 예수와 아무 상관이 없는 사람입니다.

기독교를 비판하는 이들은 성경이 너무 독선적이라고 말합니다. '모든 종교는 결국 다 같다. 모두 동일한 목적을 지닌다. 등산로는 달라도 정상에서 결국 다 만난다'고 말합니다. 그렇게 말하는 것이 때론 고상해 보이고 또 아량 있어 보입니다. 그러나 여기 본질적으로 중요한 것은 그 말이 과연 사실인지 여부입니다. 만약 암에 걸린 환우에게 "소화제 한 알만 먹으면 완치될 것입니다. 아니면 아픈 부위에 머큐롬만 발라도 암이 뚝 떨어질 겁니다. 또는 하루에 진통제 두 알이면 앞으로 전혀 걱정할 것 없습니다"라고 말한다면, 그런 말 자체로는 잠시 위안을 줄 지 모르지만, 그 말은 거짓이고 아무 효력도 없습니다.

우리는 이 땅에서 살면서 사람의 생명을 중시합니다. 그렇다면 우리의 영생(영원한 생명)은 한층 더 소중한 것 아닙니까? 그런데 영생의 문제를 놓고, '이렇게 믿어도 오케이, 저렇게 믿어도 오케이, 또 다르게 믿어도 다 오케이야!'라고 할 수 있겠습니까? 성경은 영생의 문제에 대해 매우 단호하게 말합니다. "예수께서 가라사대 나는 부활이요 생명이니 나를 믿는 자는 죽어도 살겠고 무릇 살아서 나를 믿는 자는 영원히 죽지 아니하리니 이것을 네가 믿느냐(요 11:25-26)… 아들[예수 그리스도]이 있는 자에게는 생명이 있고 하나님의 아들이 없는 자에게는 생명이 없느니라(요일 5:12)."

하나님은 예수 그리스도 외에 천하 인간에 구원을 얻을 만한 다른 이름을 우리에게 주신 일이 없습니다(행 4:12). 그렇기 때문에 기독교의 선포가 비록 독선적으로 보여도 어쩔 수 없습니다. 그로 인해 기독교가 다소 편협해 보여도 어쩔 수 없습니다. 예수 그리스도가 구원의 유일한 길이라고 성경은 단호하게 선포합니다. 성경의 단호한 선포를 그대로 믿고 받아들이는 자는 구원받습니다. "주 예수를 믿으라 그리하면 너와 네 집이 구원을 얻으리라"(행 16:31).

예수님짜리

예수님은 가장 값지고 귀하고 궁극적인 선물입니다. 예수님을 모시고 사는 자는 모든 것을 얻은 사람이요, 예수님 없이 사는 자는 모든 것을 잃은 사람입니다(잠언 8:35-36 참조). 그리고 하나님의 선물인 예수 그리스도를 영접한 사람은 그 값(가치)이 파격적으로 달라집니다(벧전 2:9-10 참조).

여러분께 묻겠습니다. 여러분의 삶은 얼마짜리 인생입니까? 이 펜은 2천원을 주고 샀으니 2천원짜리입니다. 이 안경은 5만원을 주고 구입했으니 5만원짜리입니다. 그러면 하나님이 독생자 예수 그리스도의 목숨을 주고 사신 저와 여러분의 값은 얼마입니까? 바로 독생자만큼의 값입니다. 우리는 '예수님짜리'입니다.

그렇습니다. 이 세상에서 가장 값진 사람은 예수 그리스도를 주와 구주로 영접한 하나님의 자녀들입니다. 이들의 값은 예수님짜리입니다. 예수님짜리니까 얼마나 값비싼 존재입니까? 생각만 해도 마음이 뭉클해집니다. 저와 여러분은 소중해졌습니다. 왜냐하면, 우리는 예수님짜리이기 때문입니다.

고등학교에서 수학을 가르치던 한 선생님이 계셨습니다. 어느 날 '인생이 수학문제처럼 풀리면 얼마나 좋겠는가?' 하는 생각이 들면서 인생의 신비를 깨닫고 싶어졌습니다. 그러나 동시에 인생의 허무함을 이길 수 없었습니다. 그래서 사찰에 들어가 승려가 되었습니다. 스님이 되고 나서 순수하고 깨끗한 불교 대학을 세워보겠다는 열망이 생겼습니다. 그런데 이를 위해 땅을 매입하는 과정에서 사기꾼에게 속아 결국 감옥에 들어가게 됩니다. 그가 간수에게 목탁과 불경을 들여보내 달라고 요청했는데 간수는 도리어 성경책을 주더

랍니다. '좋다! 지피지기면 백전백승이다! 감옥에 있는 동안 성경을 읽고 연구하여 기독교인들을 불자로 만들리라!' 하는 마음으로 성경을 읽기 시작했습니다.

불경에 다음과 같은 얘기가 있답니다. 어떤 과부가 외아들을 사랑으로 키우다 그만 그 귀한 외아들이 죽게 되었습니다. 죽은 외아들을 안고 부처를 만나 살려 달라고 애원했습니다. 그때 부처가 '아랫마을로 내려가 죽음을 맛보지 않은 가문을 찾아 그 집 물 한 사발을 죽은 아들에게 먹이면 곧 살아나게 된다'고 답해 주셨습니다. 어미는 너무 좋아서 마을로 내려가 죽음을 맛보지 않은 집을 찾으려고 하는데, 안타깝게도 그런 집은 없었습니다. 너무 실망하여 돌아온 어미에게 부처가 얘기합니다. '그게 인생이다. 모든 인생은 결국 죽음으로 끝나게 되어 있다.'

그런데 감옥에 있던 이 스님이 마태복음과 마가복음을 읽어 가면서 신기한 경험을 합니다. 그가 그렇게도 찾고 또 찾던 진리가 마침 그를 강타하기 시작합니다. 누가복음을 읽는데, 어느 과부의 외아들이 죽은 이야기가 나옵니다. 예수님은 그 죽은 아들을 향하여 선포하십니다. "청년아 일어나라!"(눅 7:14) 그 죽었던 아들이 실제로 다시 살아납니다.

이 스님은 거기서 깨닫습니다. 석가는 죽었지만 예수님은 살아나셨음을! 석가는 무덤에 있지만 예수님은 부활하셨고 지금도 살아 계셔 역사하심을! 이 스님은 마침내 하나님의 선물인 예수 그리스도를 받아들입니다. 그리고 목사가 되어 허무함으로 가득 차 죽어가는 불교도들에게 하나님의 선물인 예수 그리스도를 증거했습니다. (참고로, 이 이야기는 바로「극락의 불나비」의 저자, 김상화 목사님의 간증입니다.)

• • • •

스위스에서 있었던 일을 소개하고 마치겠습니다. 관광버스가 손님들을 싣고 운행 중이었습니다. 어느 내리막길에 들어선 순간 관광객들은 모두가 지쳐 잠에 빠졌는데 운전기사는 차의 브레이크에 이상이 있음을 발견했습니다. 브레이크가 고장 난 채로 내리막길에 접어든 버스에 가속이 붙습니다. 버스에 점점 가속이 붙자 관광객들은 무언가 심각한 이상이 생긴 것을 간파하고 이성을 잃은 채 흥분하며 소리를 질러 대기 시작합니다. 그러나 운전기사는 침착하고 조심스럽게 커브 길을 하나, 둘, 잘 운전해 가고 있었습니다. 마침내 맨 마지막 커브 길을 통과했고 이제 위기의 순간은 모두 지나갔다며 관광객들은 환호성을 지르며 기뻐합니다. 이제 앞에 마을이 보입니다. 그 마을 모퉁이 어딘가에 버스를 잘 세우기만 하면 됩니다.

그때 마을 입구 쪽 도로에서 아이들이 놀고 있는 모습이 보였습니다. 깜짝 놀란 운전기사는 경적을 울리며 피하라고 아이들에게 소리칩니다. 아이들이 그 소리를 듣고 얼른 피했지만 그 중 한 아이가 그 자리에서 계속 머뭇거리고 있었습니다. 몸이 어딘가 불편해 보이는 아이였습니다. 그 순간 운전기사는 버스에 탄 관광객들을 살려야 할지 아니면 그 아이를 살려야 할지 갈등합니다. 그리고 결국 버스에 탄 관광객을 살리기로 결정했습니다. 버스는 곧 그 아이와 충돌 후 언덕에 멈춰 서게 됩니다. 운전기사는 버스가 서는 즉시, 그 아이에게 달려갔습니다. 피투성이가 된 그 아이를 품에 안고 기사는 울기 시작합니다. 둘러서 있던 이들이 "살인자! 살인자!"라며 버스 기사에게 비난을 퍼 붙습니다. 그 때 한 젊은이가 외칩니다. "모두들 그만둬요! 그 아이는 바로 저 운전기사님의 아들이에요!"

하나님은 자신의 독생자를 십자가에서 죽게 하고 우리를 살리셨습니다. 예수 그리스도는 저와 여러분을 살리기 위해 하나님이 보내신 가장 귀하고 값진 선물입니다. 그리고 우리는 예수님짜리입니다. 주님의 교회는 우리를 살리려 대신 십자가에서 피 흘린 아들을 안은 아버지의 품입니다. 예배 중 선포되는 말씀은 죽은 아들을 품에 안고 흐느끼는 아버지의 울음소리입니다. 찬송과 기도는 주 예수님 때문에 목숨을 건진 심령들의 감사 외침입니다. 십자가에 우리 대신 달리신 예수 그리스도가 우리의 왕, 우리의 주님이십니다. 나대신 피 흘려 몸 찢겨 죽으신 예수 그리스도 그 분이 나의 왕, 나의 주님이십니다! 그래서 우리는 이렇게 찬양합니다.

지존하신 주님 이름 앞에 모두 무릎 꿇고 다 경배해

거룩하신 주님 보좌 앞에 엎드려 절해요

예수는 그리스도 예수는 주

하나님의 영으로 경배 드려요

제3장

성육신의 목적과 정신

보라 처녀가 잉태하여 아들을 낳을 것이요
그 이름을 임마누엘이라 하여라(사7:14)

사랑하는 여러분, 예수님의 이름으로 사랑합니다. 축복합니다. 기쁜 성탄을 맞이하는 여러분에게 변함없는 주님의 은혜가 함께 하시기를 예수님의 이름으로 축원합니다. 그런데 성탄절이 어떤 날인가요? 성탄절은 예수 그리스도의 탄생을 축하하고 예배드리는 날입니다. 그리스도의 탄생을 기리며 이를 통해 성도의 참된 삶이란 과연 무엇인지 깊이 돌아보고 남은 삶의 방향을 가다듬는 시간이요, 예수님의 삶을 본받아 서로 사랑으로 섬기며 그리스도 안에 있는 구원과 생명을 전하고 나누는 시간입니다.

구약의 선지자 이사야는 예수 그리스도의 탄생을 다음과 같이 예언했습니다. "보라 처녀가 잉태하여 아들을 낳을 것이요 그 이름을 임마누엘이라 하여라"(사 7:14, 마 1:23 [눅2:11 참조]). 요한복음을 쓴 사도 요한은 다음과 같이 증언합니다. "말씀이 육신이 되어 우리 가운데 거하시매 우리가 그 영광을 보니 아버지의 독생자의 영광이요 은혜와 진리가 충만하더라"(요 1:14).

하나님의 아들이 육신을 입어 인간이 되신 것은 인류의 역사를 구원의 역사로 바꾸어 놓으시기 위함이었습니다. 인류의 역사는 예수님이 오신 날을 기준으로 오시기 전(B.C.)과 오신 후(A.D.)로 구분됩니다. 예수님이 오신 날(성탄절)은 세계 역사의 중심축이며 인류의 역사(history)는 그분의 이야기(His story)입니다.

종교 개혁자 마틴 루터는 그리스도가 인간의 몸을 입고 이 땅에 오신 사건을 '하나님의 사랑의 극치'라고 표현했습니다. 정말 그렇습니다! 하나님의 사랑의 극치가 계시된 사건, 하나님의 사랑이 역사 한복판에서 구체화된 놀라운 사건이 바로 그리스도의 나심, 즉 성탄입니다.

성육신의 목적

지금까지 성육신(성탄)의 중요성에 대해 간략하게 말씀을 나누었습니다. 이하에서는 성육신의 목적과 그 정신에 대해 같이 살펴보도록 하겠습니다. 먼저 성육신의 목적에 관해 간략하게 살펴보려고 합니다. 다시 말해 '왜 하나님의 아들이 육신을 입고 이 땅에 오셨는가?'라는 질문에 대한 답을 성경에서 찾아봐야 하겠습니다. 이 질문에 대한 답을 요약해서 말씀드리겠습니다. 성육신의 목적은,

* 우리를 죄에서 구원하시기 위함입니다. 마태복음 1:21절과 사도행전 4:12절을 통해 인간을 불행하게 만든 질병이 바로 죄라는 사실을 확인할 수 있습니다(롬 3:10; 전 7:20 참조).
* 예수 그리스도께서 자기 생명을 내어 주시기 위함입니다(막 10:45; 요 10:10).
* 마귀를 멸하시기 위함입니다(요일 3:8; 엡 2:16; 골 2:15).
* 하나님의 사랑을 계시하시기 위함입니다(요 3:16; 요일 4:10). 하나님의 사랑이 성육신을 통해 극도로 구체화됐습니다.
* 임마누엘, 즉 하나님이 우리와 함께 계시기 위함입니다(마1:23; 28:20).
* 복음전파를 위함입니다(막 1:38; 마 28:19-20).

예수님의 마음과 성육신의 정신은 하나

위에서 성육신의 목적에 관해 가장 중요한 내용들을 간략히 살펴봤습니다. 이제 성육신의 정신에 대해 나눌 차례입니다. 먼저 한 가지 예화를 나누려고 합니다. 성탄절이 되자 한 아버지가 가족들에게 줄 선물 보따리를 갖고 귀가했습니다. 그런데 가족들에게 선물을 다

나눠주고 나니 막상 자신을 위한 선물은 없었습니다. 그것을 본 막내 딸이 얼른 선물 꾸러미에 달린 리본을 떼다가 자기 머리 위에 얹고는 이렇게 외칩니다. "아빠, 제가 크리스마스 선물이에요!" 그 해맑은 모습을 바라보는 아버지의 입가에 미소가 활짝 피어올랐습니다. 해맑은 딸이 그에게는 최고의 크리스마스 선물이었던 것이죠.

우리는 이 짧은 이야기 속에서 '선물'과 관련해서 두 가지 측면을 발견합니다. 하나는 아버지가 딸을 위해서 선물을 준비한 것이고, 다른 하나는 딸이 아빠를 위해 자기 자신을 선물로 제시한 일입니다. 우리가 성탄의 '선물'에 대해 이야기할 때 이 두 가지 측면을 모두 고려해야 합니다. 다시 말해 하나님이 '우리에게 내려 주시는 선물'과 '우리가 하나님께 올려 드릴 선물'을 같이 고려해야 합니다. 먼저 성탄절은 하나님이 우리에게 최고, 최선의 선물을 주신 날입니다. 그 선물이 무엇입니까? 바로 예수 그리스도입니다(요3:16 참조). 예수 그리스도는 하나님의 아들이시지만 사람의 몸을 입고 이 세상에 오셨습니다. 그리고 십자가를 지심으로 우리를 죄와 사망에서 그리고 인생의 온갖 슬픔과 고통에서 구해 주셨습니다. 그와 동시에 성탄절은 우리가 주님께 선물을 올려 드리는 날이라는 사실 역시 잊어서는 안 됩니다. 우리는 주님의 은총을 받은 자로서 주님께 감사의 선물을 올려 드려야 합니다. 찬양, 기도, 헌금 등이 우리가 하나님께 올려 드리는 선물의 예입니다. 그러나 우리가 주님께 드릴 가장 중요한 선물은 바로 우리 자신입니다. 주님은 이렇게 말씀하십니다.

"내가 가장 기뻐하는 선물은 바로 너다. 네 마음 그 자체다. 네 삶 그 자체다."

이렇게 우리 자신과 우리 삶을 주께 드리는 것을 로마서 12:1절은 "거룩한 산 제사"라고 칭합니다. 우리는 성탄의 은혜를 입은 자로서 마음 가운데 성탄의 정신을 충만하게 갖고 우리 삶을 주께서 기뻐하시는 거룩한 산 제사로 올려 드려야 합니다. 이것이 우리가 주께 드릴 '영적' 예배요, 우리가 마땅히 하나님께 올려 드려야 할 '제사'입니다.

우리가 마음에 간직해야 할 성탄의 정신은 무엇일까요? 한 마디로 압축해서 말하면 예수님의 마음입니다. 너희 안에 이 마음을 품으라 곧 그리스도의 마음이니"(빌 2:5). 예수님의 마음이 바로 성탄의 정신이고, 성탄의 정신이 바로 그리스도의 마음입니다. 이하에서는 성육신의 정신에 관해 조금 더 구체적으로 살펴보겠습니다. 특별히 자기 비움과 그리고 겸손에 대해 살펴보고자 합니다.

성육신의 정신(I): 자기를 비우고 포기하라

그는 근본 하나님의 본체시나 하나님과 동등됨을 취할 것으로 여기지 아니하시고 오히려 자기를 비어 종의 형태를 가져 사람들과 같이 되었고(빌 2:6-7)

예수 그리스도는 신성을 가지신 하나님의 아들이십니다. 만물이 그로 말미암아 지은 바 되었습니다. 그런데 하나님 아버지와 동등하신 그의 독생자가 자기를 비우셨습니다. 그가 신성 자체를 버렸다는 뜻은 아닙니다. 그는 여전히 신성을 보유하고 계셨지만 신적 영광과 특권을 포기하고 유보하셨다는 의미입니다. 종의 형체, 즉 인간의 비천한 몸을 입으셨다는 뜻이죠. 하나님의 독생자는 신성(divinity)을 그대로 갖고 계시면서 자발적으로 인성(humanity)을 입으시고, 고난의 길, 십자가의 길을 걸어가셨습니다.

성탄의 정신을 갖고 산다는 것은 예수님처럼 자신을 비우고 포기하며 살아가는 것을 의미합니다. 예수님의 사랑과 은혜로 채움 받은 우리들은 이제 주님을 위해서, 서로를 위해서, 그리고 이웃을 위해서 스스로를 비워야 하겠습니다. 우리 자신을 비움으로써 타인을 채워야 하겠습니다. 자기 비움의 과정이 어렵고 힘들다고 자주 엄살 부리지만 사실 잘 살펴보면, 바로 그 과정을 통해 우리가 오히려 영적으로 더 부유해져 있음을 경험하게 됩니다.

전 세계적으로 하루에 5만 명이나 굶어 죽고 있다고 합니다. 그러나 비만으로 신음하는 사람들의 숫자 또한 부지기수입니다. 지구 한편에서는 복음을 듣지 못한 채 죽어가는 영혼이 많이 있고, 그 반대편에서는 설교를 너무 많이 들어서 영혼이 무디어져 강단에서 선포된 말씀을 아무 감각 없이 흘려버리고 복음도 전하지도 않는 그리스도인들 역시 부지기수입니다. 마치 홍수 때 식수 난(亂)이 있는 것처럼 말씀의 홍수시대에 은혜의 난(亂)이 일어나고 있습니다(암 8:11 참조).

이런 세태 가운데 그리스도인은 과연 어떻게 살아가야 할까요? 사랑하는 여러분은 이런 세태 가운데서 자기를 덜어내야 합니다. 자신을 비우고 포기해야 합니다. 사도 바울은 디모데전서 6:17-19절에서 다음과 같이 권면합니다. "네가 이 세대에 부한 자들을 명하여 마음을 높이지 말고 정함이 없는 재물에 소망을 두지 말고 오직 우리에게 모든 것을 후히 주사 누리게 하시는 하나님께 두며 선한 일을 행하고 선한 사업에 부하고 나눠주기를 좋아하며 동정하는 자가 되게 하라 이것이 장래에 자기를 위하여 좋은 터를 쌓아 참된 생명을 취하는 것이니라."

사랑하는 여러분, 베푸십시오. 나누십시오. 좀 아깝다는 생각이 드십니까? 그런데요. 아깝지 않은 것은 그냥 내다 버리셔야지요. 아까울 정도로 가치 있고 좋은 것이니까 주변 분들과 나누는 겁니다. 그렇게 나누면 주께서 풍성히 채우신다고 약속하셨습니다. "주라 그리하면 너희에게 줄 것이니 곧 후히 되어 누르고 흔들어 넘치도록 하여 너희에게 안겨주리라 너희의 헤아리는 그 헤아림으로 너희도 헤아림을 도로 받을 것이니라"(눅 6:38).

자기가 가진 것들을 비우고 포기할 줄 아는 것이 성숙한 신앙이요, 성탄의 정신이며, 예수님의 마음입니다. 이번 성탄절을 맞이하면서 하나님과 이웃을 위해 여러분 각자가 비우고 내려놓고 포기할 것이 무엇인지 곰곰이 묵상해 보시기 바랍니다. 사도 바울은 예수 그리스도를 얻고 그 안에서 발견되기 위해 자신에게 유익하던 것을 포함한 모든 것을 내려놓았고 그것들을 심지어 배설물로 여겼습니다. 바울은 빌립보서 3:7-9절에서 다음과 같이 고백합니다. "무엇이든지 내게 유익하던 것을 내가 하나님을 위하여 다 해로 여길뿐더러 또한 모든 것을 해로 여김은 내 주 그리스도를 아는 지식이 가장 고상함을 인함이라 내가 그를 위하여 모든 것을 잃어버리고 배설물로 여김은 그리스도를 얻고 그 안에서 발견되려 함이니."

성육신의 정신(Ⅲ): 자신을 낮추어 겸손 하라

성육신의 정신에 대해 말씀드리면서 자기 비움에 대해 살펴봤습니다. 이제 겸손에 관해 나누고자 합니다. 그리스도께서는 자신을 낮추셨습니다. 하나님이 사람으로 낮아지셨습니다. 사람 중에도 가장 낮은 자가 되셨습니다. 가난한 시골 소녀 마리아의 몸에 잉태되셨습니다. 마구간에서 태어나셨습니다. 낮고 천한 목수의 아들이 되셨습니다. 머리 둘 곳 없이 떠돌아다니셨으며 십자가에 달려 중죄인의 모습으로 벌거벗고 수치와 고통을 겪으며 죽으셨습니다. 하늘 영광의 자리에서 이 세상으로 내려오신 것만으로도 엄청나게 낮아지신 건데, 이 세상에서도 더 이상 낮아질 수 없을 데까지 스스로 내려가신 것입니다. 스스로 종이 되셨습니다. 그리스도의 이와 같은 낮아지심은 죄인들 가운데 오셔서 그들을 구원하시겠다는 것이고, 스스로 가난하게 되셔서 고난 받는 이들을 해방시키겠다는 의미이며, 또 천대 받는 이들의 친구가 되어 주시겠다는 뜻입니다. 갈등하고 반목하며 불화하는 이들에게 평화를 주시겠다는 의미이고, 절망하고 낙심하는 사람들에게 찾아 오셔서 인생의 의미가 되시고 희망이 되시고 소망이 되시고 벗이 되어 주시겠다는 메시지입니다.

옛날 어느 나라에 왕이 있었는데 깊이 사랑에 빠지게 되었습니다. 그런데 그가 사랑한 여인은 고귀한 가문의 딸이 아니었고, 부유하고 학식 있는 집안의 딸도 아니었습니다. 그가 사랑한 여인은 누더기 같은 옷을 걸치고 오두막에 사는 비천한 시골 처녀였습니다. 왕은 그녀에게 반해 완전히 마음을 빼앗겨 버렸습니다. 그 문화권에서 막강한 권력을 지닌 왕이 자기가 원하는 여자를 아내로 취하는 것은 그리 어려운 일이 아니었습니다. 신하들은 왕이 명령만 내리면 당장 그녀를 데려오겠다고 말했습니다. 그러나 왕은 그렇게 하고 싶지 않았습니다. 그녀에게 귀족의 지위를 하사하고 아름답게 치장시킨 후에 왕비로 삼으면 좋겠다고 신하들이 제안하기도 했지만 왕은 그 역시 거절했습니다.

왕이 원한 것은 진실한 사랑의 관계였습니다. 그래서 왕은 결단했습니다. 자신의 왕 된 지위와 특권을 모두 내려놓고 그녀가 사는 시골 마을에 들어가 평범한 농부처럼 살기로 선택했습니다. 거처, 입는 옷, 먹는 음식 등 그녀가 처한 삶의 모습은 분명 비천했지만 왕은 기꺼이 그녀와 함께 했습니다. 그녀를 진심으로 사랑했기 때문입니다.

이것은 덴마크의 철학자 키에르케고르의 저서 「철학적 단계」에 실려 있는 내용입니다. 키에르케고르는 이 이야기를 통해 성육신을 설명했습니다. 시골 처녀를 사랑한 왕이 그녀와 결혼하기 위해 택할 수 있는 방법은 크게 두 가지가 있었습니다. 하나는 왕궁으로 그녀를 데려와 그녀의 지위를 높여주는 것이고, 다른 하나는 왕이 시골 처녀의 지위로 내려가 몸소 낮아지는 것이었습니다. 그녀를 진심으로 사랑한 왕이 선택한 길은 스스로 낮아지는 길이었습니다. 하나님의 독생자께서 성육신하여 사람의 모습으로 이 세상에 오셨던 것처럼 말입니다. 죄에 빠진 인간을 구원하고 하나님과 인간 사이의 사랑의 관계를 회복시키기 위해 하나님의 본체이신 독생자께서 아버지와 동등됨을 취하지 않으시고(빌 2:6) 스스로 낮아져서 이 땅에 친히 오신 것입니다(2:8).

한 나라의 왕이 시골 처녀를 사랑해서 몸소 농부가 된 것도 놀라운데 천지를 지으신 하나님이 몸소 인간이 되셨다니 도대체 이보다 더 놀라운 기적이 어디에 있습니까? 이 놀라운 기적에 대해 사도 요한은 다음과 같이 증언합니다. "태초에 말씀이 계시니라 이 말씀이 하나님과 함께 계셨으니 이 말씀은 곧 하나님이시니라… 말씀이 육신이 되어 우리 가운데 거하시매 우리가 그 영광을 보니 아버지의 독생자의 영광이요 은혜와 진리가 충만하더라"(요 1:1, 14).

그런데 하나님의 독생자께서 왜 굳이 이처럼 낮아지셨습니까? 바로 우리를 섬기기 위해서입니다. 그런데 우리를 섬겨 주신 주 예수님은 우리 역시 그를 따라 섬기는 자가 될 것을 요구하십니다. "너희 중에 누구든지 크고자 하는 자는 너희를 섬기는 자가 되고 너희 중에 누구든지 으뜸이 되고자 하는 자는 모든 사람의 종이 되어야 하리라 인자의 온 것은 섬김을 받으려 함이 아니라 도리어 섬기려 하고 자기 목숨을 많은 사람의 대속물로 주려 함이니라"(막 10:43-45).

사랑하는 여러분, '겸손하다'는 것은 무엇을 뜻하나요? '겸손'은 영어로는 humility인데 이 단어의 라틴어 어원은 '땅'이라는 의미를 갖고 있습니다. 땅은 가장 낮은 곳입니다. 땅은 온갖 것을 다 받아줍니다. 더러운 것, 썩은 것, 추한 것 가리지 않고 받아줍니다. 그런데 정말 신기한 것은 그러한 받아들임 가운데 생명의 역사가 일어난다는 사실입니다. 뿌리가 돋고 줄기가 올라오고 싹이 틉니다. 꽃이 피고 열매가 맺힙니다. 어떻게 그럴 수 있을까요? 땅이 하늘을 마주 보고 있기 때문입니다. 하늘에서 내려 주는 생명의 에너지가 그 땅 가운데 존재하기 때문이죠.

정말 겸손한 사람, 참으로 섬길 수 있는 사람은 누구입니까? 예수님처럼 스스로 낮아진 사람입니다. 하나님을 향해 열린 마음을 갖고 날마다 주께서 주시는 생명의 은혜를 받아 누리는 사람입니다. 그런데 왜 많은 사람들이 겸손하지 못하고 또 섬기지 못합니까? 자기 스스로 너무 높아져 있기 때문입니다. 하나님의 자녀가 갖는 존귀함이 무엇인지 모르기 때문이고 또 주의 은혜로 채워지는 경험을 제대로 하지 못했기 때문입니다. 그래서 자기 스스로 높아지려고 애씁니다. 타인을 섬기기보다는 오히려 짓밟고 올라가려 합니다. 그것은 이 세상의 방식입니다. 결코 하나님 나라의 방식은 아닙니다. 그것은 세상의 정신이지 성탄의 정신이 아닙니다.

우리가 예수님을 따라 낮아져 겸손하게 섬기면 놀라운 변화가 찾아옵니다. 인간관계에 변화가 생깁니다. 가정이 달라지고 우리 삶이 변화되며 사회가 변화됩니다. 그리고 우리가 그리스도의 편지와 향기가 되고 우리를 통해 주 예수 그리스도의 복음이 전파됩니다(고후 2:15; 3:2).

여러분, 사도 바울의 삶과 사역의 원칙이 무엇이었는지 아십니까? 바로 섬김과 겸손이었습니다. 바울은 고린도전서 9:19-22절에서 다음과 같이 고백합니다. "내가 모든 사람에게 자유하였으나 스스로 모든 사람에게 종이 된 것은 더 많은 사람을 얻고자 함이라 유대인들에게는 내가 유대인 같이 된 것은 유대인을 얻고자 함이요 여러 사람에게 내가 여러 모양이 된 것은 아무쪼록 몇몇 사람들을 구원코자 함이니…"

마치 땅이 쓰레기와 오물, 오수를 다 받고도 생명을 생산해 내듯이 저와 여러분이 하나님의 은혜를 깊이 체험하고 그 은혜를 힘입어 모든 사람을 받아주고 섬기는 생명력 있는 인생을 살기를 원합니다. 우리가 예수님의 마음, 즉 성탄의 정신을 그렇게 실천할 수 있기 바랍니다. 우리가 그렇게 살면, 우리 가운데 진정한 기쁨이 넘칠 것이고 또 우리가 많은 이들에게 주의 역사를 불러오는 통로와 도구가 될 것을 믿습니다.

●　○　●　●

　자기를 비우시고 낮추심으로 이 땅에 오시고 십자가에 달리신 하나님의 독생자는 낮아진 모습 가운데 머물지 않으셨습니다. 그는 부활, 승천하셨고 하늘의 영광 보좌에 앉으셨습니다(히 12:2). 빌립보서 2:9-11절은 이에 대해 다음과 같이 선언합니다. "이러므로 하나님이 그를 지극히 높여 모든 이름 위에 뛰어난 이름을 주사 하늘에 있는 자들과 땅에 있는 자들과 땅 아래 있는 자들로 모든 무릎을 예수의 이름에 꿇게 하시고 모든 입으로 예수 그리스도를 주라 시인하여 하나님 아버지께 영광을 돌리게 하셨느니라."

　우리 그리스도인이 이 세상에서 존귀하고 영예롭게 사는 비결은 바로 성탄의 정신, 즉 주 예수 그리스도의 마음으로 살아가는 것입니다. 자기를 비우고 포기함으로써 타인을 부요케 하면, 주께서 우리 삶을 더욱 부요하게 해 주십니다. 우리가 자신을 낮추고 겸손히 섬기면, 주께서 참된 존귀함으로 우리를 채우십니다. 사랑하는 여러분, 이번 성탄절에 예수 그리스도의 마음을 품고, 성숙한 신앙과 삶을 향해 도약하시기 바랍니다. 성탄의 정신은 단지 이번 성탄절뿐 아니라 1년 365일 내내 그리고 평생 동안 매일 기억하고 살아내야 할 정신입니다. 아무쪼록 성탄의 정신으로 하루하루 살아 주께 영광 돌리고 하나님과 사람 앞에서 은총과 귀중히 여김을 받으시는 여러분 되기를 예수 그리스도의 이름으로 축원합니다!

제4장

자기 선언

아들을 낳으리니 이름을 예수라 하라 이는 그가 자기 백성을
저희 죄에서 구원할 자임이라 하니라 이 모든 일의 된 것은
주께서 선지자로 하신 말씀을 이루려 하심이니 가라사대
보라 처녀가 잉태하여 아들을 낳을 것이요
그 이름은 임마누엘이라 하리라 하셨으니 이를 번역한즉
하나님이 우리와 함께 계시다 함이라 (마 1:21-23)

「죽을 때 후회하는 스물다섯 가지」란 책이 있습니다. 1,000여명의 죽음을 지켜본 완화의료 전문의 오츠 슈이치가 쓴 책입니다. 저자에 따르면 암 말기에는 신체적 고통도 심하지만 마음에서 오는 고통이 더 심한데 마음의 고통은 대부분 돌이킬 수 없는 후회 때문이라고 합니다. 사람들이 후회하는 스물다섯 가지 중에서 중요한 다섯 가지가 있습니다. 첫째, 사랑하는 사람에게 고맙다는 말을 많이 했더라면. 둘째, 좀 더 친절을 베풀었더라면. 셋째, 유산을 미리 염두에 두었더라면. 넷째, 내 장례식을 생각했더라면 하는 후회입니다. (장례식은 남은 사람의 몫이라고 생각하지만 사실 장례식의 주인공은 세상을 떠난 사람입니다.) 마지막으로 신 즉, 하나님의 가르침을 알았더라면 하는 후회입

니다. 우리 인생의 가장 큰 후회는 하나님을 모르고 영생을 발견하지 못한 것입니다. 영생을 발견한 사람은 인생의 마지막 순간에 후회가 아닌 감사를 하게 됩니다. 우리는 아는 만큼 믿을 수 있고 아는 만큼 사랑할 수 있습니다. 이런 의미에서 오늘부터 우리 인생의 유일한 길이요 진리요 생명이신 주 예수 그리스도에 대해 살피고자 합니다.

예수 그리스도

예수 그리스도는 육신을 입으신, 성육신하신 하나님으로(요 1:1, 빌 2:6-8) 우주의 주권자 창조자시며(창 1:1), 자비로운 구속자시요(요 3:16), 인류의 신실한 보존 자이십니다(시 121:7-8, 롬 11:36). 예수 그리스도는 기독교의 중심이요 핵심이시고 역사의 주인이시며 (History=His story) 중심축이십니다(BC/AD 구분은 그리스도의 탄생을 기점으로 함). '예수'란 이름은 '구주'란 뜻이며(천사의 증언 - 마 1:21, 스스로 증언 - 요14:6, 사도베드로의 증언 - 행 4:12), '그리스도'란 히브리어 메시아의 번역으로 '기름부음 받은 자'란 뜻입니다. 고대 이스라엘에서는 왕과 제사장, 선지자를 세울 때 기름을 부었습니다.

히브리서 12:2절은 예수 그리스도를 믿음의 주요 온전케 하시는 이(즉, 믿음의 표준, 목표요 믿음의 완성자)로 고백하며 골로새서 1:15-18절은 창조의 원인이자 목적, 교회의 머리, 모든 것의 근본, 부활의 첫 열매로 선포합니다. 골로새서 2:16-17절은 신앙의 실체, 본체로 인정하며 요한복음11:25-26절은 그리스도를 부활이요 생명이라고 고백합니다. 요한복음14:6절은 길과 진리, 생명으로 선포하며, 계시록 22:13절은 모든 것 되시는 분으로 인정합니다. 마태복음 13:44-46절의 천국 비유에서도 마찬가지입니다. 계시록 22:20절은 재림의 주로 그리스도를 선포합니다.

사도바울은 예수 그리스도 외의 모든 것을 배설물로 여겼습니다 (빌 3:7-9). '나는 이제부터 이 소유 하나를 위해서 어떤 것이라도 다 희생하며 살겠습니다. 나는 내 인생 최고의 진리를, 보화를 소유했기 때문입니다'라고 고백했습니다. 예수 그리스도를 믿으면(요 5:24) 사망에서 생명으로 옮겨지며, 예수 그리스도를 부르면(롬 10:13) "주의 이름을 부르는 자는 구원을 얻으리라"는 말씀이 현실이 됩니다. 예수 그리스도를 시인하고(롬 10:9-10 "입으로 시인하여 구원에 이르느니라") 영접하기만 하면, 하나님의 자녀가 되어 운명이 바뀌고 신분이 바뀝니다.

요한복음 1:12-13절, 고린도후서 5:17절은 이렇게 바뀐 운명과 신분을 '새로운 피조물'로 표현합니다. 에베소서 2:19절은 하나님의 권속으로 천국 시민권을 소유하여 누린다고 말하며, 빌립보서 3:20절을 보면 예수 그리스도의 이름으로 마귀와 사단과 시험과 죄악과 질병을 물리칩니다. 마가복음 16: 17-18절과 누가복음 10:19절에서는 "원수의 모든 능력을 제어할 권세를 주었으니 너희를 해할 자가 결단코 없으리라"고 말씀합니다. 또 성령을 힘입어 땅 끝까지 이르러 예수 그리스도의 증인이 됩니다(행 1:8).

예수님은 말씀하셨습니다. "너희는 온 천하에 다니며 만민에게 복음을 전파하라 믿고 세례를 받는 사람은 구원을 얻을 것이요 믿지 않는 사람은 정죄를 받으리라"(막 16:15-16). "너희는 가서 모든 족속으로 제자를 삼아 아버지와 아들과 성령의 이름으로 세례를 주고 내가 너희에게 분부한 모든 것을 가르쳐 지키게 하라"(마 28:29-20).

예수님이 이런 분이시기에 크리스천은 반드시 예수님을 알아야 합니다. 여기서 '안다'라는 말(히브리어 '야다')은 체험적 앎을 의미합니다. 체험적 앎은 만남을 전제합니다. 이 같은 앎은 사랑입니다. 이처럼 예수님을 알고 사랑함이 신앙의 본질이요 핵심입니다(호 6:6). 주님을 아는 것과 사랑하는 것은 동전의 양면처럼 밀접한 관계를 가집니다. 주님을 아는 것과 사랑하는 것은 한 본질의 두 측면입니다. 하나가 없으면 다른 하나가 불가능합니다. 하나님을 전 존재로 사랑한다는 것은 하나님이 우리의 유일한 구세주요 주인이요 생명이 되신다는 의미입니다. 즉 주님이 우리의 모든 것 되심을 말합니다. 기억하십시오. 하나님 없이 이루어질 일은 하나도 없습니다(렘 33:2-3, 시 127:1-2, 잠 16:1, 3, 9, 33; 21:31, 요 15:5).

> 여호와는 죽이기도 하시고 살리기도 하시며 음부에 내리게
> 도 하시고 올리기도 하시는도다 여호와는 가난하게도 하시
> 고 부하게도 하시며 낮추기도 하시고 높이기도 하시는도다

가난한 자를 진토에서 일으키시며 빈핍한 자를 거름더미에서 드사 귀족들과 함께 앉게 하시며 영광의 위를 차지하게 하시는도다 땅의 기둥들은 여호와의 것이라 여호와께서 세계를 그 위에 세우셨도다(삼상 2:6-8)

여호와여 광대하심과 권능과 영광과 이김과 위엄이 다 주께 속하였사오니 천지에 있는 것이 다 주의 것이로소이다 여호와여 주권도 주께 속하였사오니 주는 높으사 만유의 머리심이니이다 부와 귀가 주께로 말미암고 또 주는 만유의 주재가 되사 손에 권세와 능력이 있사오니 모든 자를 크게 하심과 강하게 하심이 주의 손에 있나이다(대상 29: 11-12)

여러분께 묻겠습니다. 신앙의 본질은 무엇입니까? 신앙의 근본은 누구십니까? 예수 그리스도, 오직 예수 그리스도뿐입니다. 그렇기에 우리는 예수님을 알아야 합니다. 그런데 신성을 가지신 그리스도, 말씀이 육신이 되신 예수님을 헤아려 아는 일은 사실 우리 인간에게 불가능합니다. 그러나 예수님을 아는 방법이 있습니다. 예수님이 성경 말씀을 통해 스스로 계시하셨습니다. 이 계시의 빛으로 예수님을 사모하는 심정으로 뵙고자 하면 됩니다(시 107:9).

예수 그리스도의 자기계시

자기를 계시하실 때 예수님은 "나는~이다(I am)"라는 신적 명칭(하나님을 가리키는 표현)을 사용하셨습니다. 요한복음에서 7차례, 계시록에서 2차례 예수님의 자기 선언이 발견됩니다. 아래에서 하나씩 살펴보겠습니다. 이하에서 "나"는 예수님이 자신을 가리킬 때 사용하는 대명사라는 점을 참고해 주시기 바랍니다.

첫째, "나는 생명의 떡"입니다(요 6:35). NIV 번역은 "I am the bread of life"입니다. 정관사 "the"는 유일한 것을 나타내는 명사에 붙습니다. 본문은 인간이 갖는 근원적인 필요와 그 필요에 대한 해답을 제시합니다. 생명, 즉 영생이 인류 모두의 근원적인 필요입니다. "내가 생명의 떡"이라는 말씀은 예수님이 참 하나님이시라는 선언이요, 예수님 자신의 우리의 궁극적인 필요 자체라는 선언이요, 예수님 안에 참되고 영원한 만족이 있다는 선언입니다(시 23:1-6). 탕자의 비유를 기억하십니까? 탕자의 궁극적 필요는 오직 아버지뿐이었습니다. 아버지 한 분으로 탕자의 모든 필요가 충족됐습니다.

150cm의 작은 키, 작은 눈, 창백한 잿빛 피부의 소유자였던 아이작 왓츠는 늘 자신이 벌레 같은 존재라고 생각했습니다. 그러나 자신을 대신하여 십자가에서 찢기시고 피 흘리신 예수 그리스도를 발견하자 그 은혜와 사랑에 감격하여 감동적인 찬송시를 썼습니다. 그것이 바로 찬송가 143장입니다. "[1절] 웬 말인가 날 위하여 주 돌아

가셨나 이 벌레 같은 날 위해 큰 해 받으셨나… [5절] 늘 울어도 눈물로써 못 갚을 줄 알아 몸 밖에 드릴 것 없어 이 몸 바칩니다." 아이작 왓츠처럼 십자가를 발견하고 그 십자가 앞에 조용히 무릎 꿇고 엎드리면 들리는 음성이 있습니다. "내가 곧 생명의 떡이니 내게 오는 자는 결코 주리지 아니할 터이요 나를 믿는 자는 영원히 목마르지 아니하리라 내 살은 참된 양식이요 내 피는 참된 음료라."

둘째, "나는 세상의 빛"입니다(요8:12; 1:1-4; 1:14). "I am the light of the world." 이는 예수님 자신의 역할과 사명에 대한 선포입니다. 나만이 홀로 세상의 빛이라는 말씀으로 우리와 함께 하시기 위해 찾아오신 예수님이 참 하나님이시라는 선언입니다. 이것이 바로 임마누엘의 의미입니다(마 1:23). 이 선언은 또한 하나님의 인도의 선언입니다(시 119:105).

미국의 제16대 대통령 에이브러햄 링컨은 6살에 모친을 잃었습니다. 임종 전 모친은 "성경 말씀이 엄마의 음성이라 생각하고 늘 말씀에 순종하라"는 유언을 남겼습니다. 이런 유언을 받아 실천한 링컨은 시대를 움직이는 역사의 주인공이 되었습니다. 하나님이 그의 인도자가 되셨기 때문입니다.

예수님은 우리에게 영적 가치를 더해 주십니다. 빛은 상품의 가치를 드러냅니다. 그래서 조명공사를 합니다. 하나님이 주신 달란트 위에 주님의 빛이 비춰져야 하나님께 쓰임 받습니다. 다윗의 특기는 무엇이었습니까? 물맷돌을 던지는 것이었습니다. 거기에 주님의 빛이 임하니 골리앗을 때려잡는 권능의 물맷돌이 되었고, 한 소년의 점심인 오병이어 위에 주님의 빛이 임하니 5,000명이 먹고도 열두 광주리가 남는 큰 이적이 일어났습니다. 주님이 빛이시기 때문입니다.

갑자기 정전이 된다면 무슨 일이 벌어질까요? 1977년 7월 뉴욕시가 25시간 동안 정전 되는 일이 발생했습니다. 25시간 동안 뉴욕시는 무법천지가 되고 2,000여 점포가 약탈을 당하고 3,800명이 체포됐습니다. 그 때 뉴욕 시민들의 가장 큰 바람은 무엇이었을까요? 전기, 즉 빛이 들어오는 것이었습니다. 빛은 어둠 속에 있는 사람들에게 가장 좋은 소식입니다. 복음은 빛입니다. 그래서 주님은 말씀하셨습니다. "나는 세상의 빛이니 나를 따르는 자는 생명의 빛을 얻으리라." 우리는 빛 되신 예수님이 함께 계실 때에 제대로 볼 수 있습니다.

셋째, "나는 영원자"입니다(요 8:58). "Before Abraham was born, I am." 이 선언은 그리스도의 선재성과 영원성에 대한 선언입니다. "예수 그리스도는 어제나 오늘이나 영원토록 동일하시니라"(히 13:8). 예수님은 지금도 여전히 계시는 살아서 역사하시는 참 하나님이십니다.

태초부터 계신 예수님은 영원한 생명의 수여자, 치유자, 구원자이십니다(요 1:1-4). 인간은 결코 시간의 한계를 초월할 수 없습니다(히 9:27). 그래서 시편 기자는 이렇게 기도했습니다. "우리에게 우리

날 계수함을 가르치사 지혜의 마음을 얻게 하소서"(시 90:12). 그런데 하나님의 아들 예수 그리스도가 어느 날 시간의 한계 속에 살고 있는 인생들에게 실로 엄청난 선언을 하셨습니다. "아브라함이 나기 전부터 내가 있느니라"(요 8:58).

넷째, "나는 구원의 문이요 선한 목자"입니다(요 10:9-11). "I am the gate, I am the good shepherd." 신앙생활을 한다는 것은 문이신 그리스도를 통해 구원에 들어가 예수 그리스도를 목자로 삼고, 주님만 철저하게 의지하는 것입니다(시23:1-6).

예수님은 문이십니다. 요한복음 10:9절에 "내가 문이니 누구든지 나로 말미암아 들어가면 구원을 얻고 또는 들어가며 나오며 꼴을 얻으리라"고 하셨습니다. 예수 그리스도를 통하지 않고는 아무에게도 구원이 없습니다(요 3:16, 행 4:2, 요 14:6). 여러분은 예수 그리스도 안에 있습니까? 혹시 아직도 예수 그리스도 밖에 있습니까? 예수님은 하나밖에 없는 유일한 문이십니다. 구원의 '방주'에 들어가는 유일한 문은 오직 예수 그리스도 뿐입니다. 우리는 또한 문이신 예수님을 통해 풍성함에 들어가게 됩니다. 구원이 곧 풍성한 삶의 시작이기 때문입니다(요 10:10).

예수님은 또한 선한 목자이십니다. 양들을 보호하고 인도하시는 선한 목자라는 선언에는 양들의 생명을 지켜주고, 그들에게 양식을 공급해주며, 그들을 좋은 길로 인도한다는 의미가 있습니다.

다섯째, "나는 부활이요 생명"입니다(요 11:25-26). "I am the

resurrection and the life." 죽음이 필연적인 인생에게 사실 죽음이 마지막이 아니라고 선언하는 부활신앙은 미래의 신앙인 동시에 현재의 신앙입니다. 인간에게 궁극적이고 가장 긴박하고 중요한 문제는 무엇일까요? 바로(세익스피어의 비극 「햄릿」에도 잘 나타나 있듯) 죽음의 문제입니다.

전쟁이나 사고는 죽음의 시기를 앞당기지만 결코 죽음이라는 실체 그 자체를 만들어 내거나 없앨 수 없습니다. 죽음에는 필연성과 확실성이 있습니다. 본 회퍼 목사는 1945년 4월 8일 아침, 나치 정권 치하에서 인생의 최후를 맞이하며 "마지막이 아닙니다. 지금이 시작입니다"라고 고백했습니다. 깊은 은혜의 체험은 값비싼 대가를 치르고 받은 은혜입니다. 희생 없이, 헌신 없이 하나님의 은혜에 접근할 수 없습니다.

일본이 낳은 기독교 시인 쯔찌이의 수필 중 <마지막 기도>라는 에세이가 있습니다. 딸 데루꼬가 불치병으로 투병하다 죽기 전 아버지와 가족들을 불러 모으고 이렇게 말했습니다. "제가 하늘나라로 개선하는 시간이 가까웠는데 마지막 기도를 하고 싶어요." 다음은 아버지가 녹음한 내용입니다. "사람들이 나를 칭찬하는 일은 하나도 없고 하나님의 이름만 높이기를 빕니다. 내가 죽어도 슬퍼하는 사람은 하나도 없고 영원한 생명을 주신 하나님께 감사하기를 빕니다. 하나님, 내가 사랑하던 사람들을 지켜 주옵소서. 또 내가 사랑하지 못했던 사람들도 지켜주옵소서. 이 세상에서 전쟁이 없어지고 사람이 근심에서 벗어나 영원한 생명을 얻도록 해 주옵소서. 예수님의 이름으로 기도합니다." 그녀는 위대한 신앙인이요 행복한 젊은이였습니다. 그는 부활을 믿었기에 죽음을 맞으면서도 하늘나라로 행복한 개선행진을 할 수 있었던 것입니다.

여섯째, "나는 길이요 진리요 생명"입니다(요 14:6). "I am the way and the truth and the life." 우리를 위해 영원한 처소가 예비되어 있는데 바로 예수님이 그 영원한 처소에 이르는 유일한 길이요 진리이며 생명이라는 선언입니다. 예수님은 여전히 우리의 유일한 길과 진리, 생명이십니다. "내 아버지 집에 거할 곳이 많도다 그렇지 않으면 너희에게 일렀으리라 내가 너희를 위하여 처소를 예비하러 가노니 가서 너희를 위하여 처소를 예비하면 내가 다시 와서 너희를 내게로 영접하여 나 있는 곳에 너희도 있게 하리라"(요 14:2-3).

예수 그리스도는 우리에게 영원한 생명을 주시기 위해 십자가에서 죽임을 당하셨고 의롭다함을 얻게 하려고 부활하셨고 평화를 주시기 위해 징계를 받으셨고 치유를 위해 채찍에 맞으셨습니다. 예수 그리스도로 말미암아 우리는 영원한 미래를 향한 확신을 가질 수 있게 되었습니다. 이는 주께서 나를 위해 엄청난 희생을 치르셨기 때문에 가능합니다. 에베소서 5:2절은 말씀합니다. "그는 우리를 위하여 자신을 버리사 향기로운 제물과 생축을 하나님께 드리셨느니라."

일곱째, "나는 포도나무"입니다(요 15:5). "I am the vine." 가지가 된다는 말은 믿는다는 뜻입니다. 믿음은 천지를 얻고 내일을 얻음을 의미합니다. 우리가 살고 있는 이 시대는 '꽃'을 구합니다. 궁극적인 열매인 생의 보람이나 진정한 의미보다 한 순간의 쾌락과 만족을 구하는데 급급합니다(딤후 3:1-5). 그러나 하나님은 우리의 열매를 기대하십니다(요 15:8).

그렇다면 어떻게 해야 열매를 맺을 수 있을까요? 요한복음 15:1-7절이 그 답을 가르쳐 주는데요. 먼저 그리스도 안에 거하며 그리스도께 붙어 있어야 합니다(4-5절). 그리스도 안에 항상 거해야 합니다(7절). 다음으로 정결해야 합니다. 가지치기의 과정을 거쳐야 합니다(2절). 또한 서로 사랑해야 합니다. "내 계명은 곧 내가 너희를 사랑한 것 같이 너희도 서로 사랑하라 하는 이것이니라"(12절).

지금까지 요한복음에 나타난 7가지 선언을 살펴보았습니다. 요한계시록에 그 같은 선언이 두 번 더 나타납니다. 이제 그것들을 살펴보겠습니다.

여덟째, "나는 알파와 오메가"입니다(계 22:13). "I am the alpha and the omega, the Beginning and the End, the First and the Last." 어떤 일이든지 처음이 대단히 중요합니다. 일을 어떻게 시작하느냐에 따라 그 일의 향방이 결정되기 때문입니다. '용두사미'는 일의 처음은 좋았으나 마지막이 흐지부지한 경우를 말하는데 그 같은 경우를 종종 보게 됩니다. 그런데 사도 바울은 빌립보서 1:6절에서 주님이 하시는 일에 대해 귀한 고백을 했습니다. "너희 속에 착한 일을 시작하신 이가 그리스도 예수의 날까지 이루실 줄을 우리가 확신하노라." 우리 속에서 선한 일을 시작하신 분이 반드시 마치시겠다는 선언은 바로 그분이 바로 알파와 오메가, 처음과 나중, 시작과 끝이시기에 가능합니다. 조금 더 구체적으로 살펴보겠습니다.

* 역사의 주가 되시는 그리스도. 그리스도의 초림과 재림은 역사의 극점입니다. 역사를 만드는 가장 중요한 전환점이 되는 사건입니다. 그리스도는 역사의 처음이자 마지막이시며, 역사는 바로 그분의 이야기입니다. HISTORY는 'His story' 즉 그 분의 이야기입니다. 역사의 주인은 바로 그리스도십니다(계 1:8).

* 개인의 삶의 주가 되시는 그리스도. "네 인생의 시작이 나였느니라 네 인생의 마지막도 나이니라." 하나님의 말씀은 사도 요한에게 이렇게 다가왔습니다. 사도 요한은 주님의 말씀을 듣고 깨달았습니다. '아, 밧모 섬의 주인도 주님이시구나.' 하나님은 역사 속에서 한 개인의 삶 가운데 섭리하시면서 동시에 이 개인의 인생을 하나님의 역사 속에 포함시키십니다. 그렇기에 그분의 역사는 나의 역사일 수 있습니다.

* 환난 중에 도우시는 그리스도. 사도 요한은 예수 그리스도를 위한 환난에 동참했고 그 환난과 고통 속에서 도우시는 그리스도를 경험했습니다. 살아계신 주님이 바로 나와 함께 하셔서 도우시는 하나님이심을 믿으십니까?

두려워 말라 내가 너와 함께 함이니라 놀라지 말라 나는 네
하나님이 됨이니라 내가 너를 굳세게 하리라 참으로 너를 도
와주리라 참으로 나의 의로운 오른손으로 너를 붙들리라(사
41:10)

환난날에 나를 부르라 내가 너를 건지리니 네가 나를 영화롭
게 하리로다(시 50:15)

세상에서는 너희가 환난을 당하나 담대하라 내가 세상을 이
기었노라(요 16:33)

＊궁극적으로 승리케 하시는 그리스도(롬 8:35, 37). "살아계신 주
나의 참된 소망 걱정 근심 다 맡겼네 사랑의 주 내 갈길 인도하
니 내 모든 삶에 기쁨 늘 충만하네." 이 복음성가 가사처럼 그
리스도는 "사랑의 주," 즉 우리를 사랑하는 분이십니다. 우리를
사랑하시는 그리스도는 우리를 승리하게 하십니다.

마지막으로 아홉째, "나는 빛나는 새벽별"입니다(계 22:16). 예수
님은 역사의 마지막 어두움과 하나님의 심판을 계시하시며 "나는 빛
나는 새벽별이라"고 선언하셨습니다. "I am the bright morning
star." 새벽별은 어둠을 추방합니다.

초대교회는 박해와 고난의 어둠 속에 있는 이들에게 놀라운 희망
의 메시지가 되었습니다. 우리는 종말론적 상황 속에 있습니다. 종
말의 시계가 23시58분을 가리키고 있음을 잊지 말고 깨어 있어야 합

니다.

> 근신하라 깨어라 너희 대적 마귀가 우는 사자같이 두루다니
> 며 삼킬 자를 찾나니 너희는 믿음을 굳게하여 저를 대적하라
> 이는 세상에 있는 너희 형제들도 동일한 고난을 당하는줄 앎
> 이니라 모든 은혜의 하나님 곧 그리스도안에서 너희를 부르
> 사 자기의 영원한 영광에 들어가게 하신 이가 잠간 고난을
> 받은 너희를 친히 온전케 하시며 굳게하시며 강하게 하시며
> 터를 견고케 하시리라(벧전 5:8-10)

성경의 계시에 의하면 역사는 더욱 어두워질 것입니다. 그러나
이 어두워져 가는 세상 속에서도 희망의 새벽별이 빛나고 있습니다.
그 별이 누구입니까? 바로 예수 그리스도십니다. "I am the bright
morning star." 주님이 오셔서 하나님 나라를 완성하실 그 시각이
가까워지고 있습니다. 그래서 우리도 사도 요한처럼 기도할 수밖에
없습니다. "아멘 주 예수여 오시옵소서 주 예수의 은혜가 모든 자에
게 있을지어다 아멘"(계 22:20-21). 새벽별은 새 날의 시작을 알립니
다. 계시록은 이 희망의 계시, 이 희망의 메시지로 마무리됩니다. 예
수 그리스도의 재림은 크리스천에게 희망의 새날입니다. 그래서 우
리는 이렇게 찬양합니다. "예비하고 예비하라 우리 신랑 예수 오실
때 밝은 등불 손에 들고 기쁨으로 주를 맞겠네(찬송가 162장 후렴)."

구주 예수 그리스도는 오늘 살펴본 자기선언을 통해 스스로를 계시 하셨습니다. 그는 우리에게 생명을 주시는 분이고, 세상의 빛이고 영원하신 분이며, 구원의 문이고, 부활하신 분이자, 진리이시고, 우리의 포도나무, 시작과 끝, 그리고 빛나는 새벽별입니다. 여러분의 삶 가운데서 예수님의 자기선언이 뜻하는 바를 실제적으로 경험하며 깨달아 가시길 축원합니다.

제5장

고난 주간의 삶

그는 근본 하나님의 본체시나 하나님과 동등됨을 취할 것으로
여기지 아니하시고 오히려 자기를 비어 종의 형체를 가져
사람들과 같이 되었고 사람의 모양으로 나타나셨으매
자기를 낮추시고 죽기까지 복종하셨으니 곧 십자가에 죽으심이라
이러므로 하나님이 그를 지극히 높여 모든 이름 위에
뛰어난 이름을 주사 하늘에 있는 자들과 땅에 있는 자들과
땅 아래 있는 자들로 모든 무릎을 예수의 이름에 꿇게 하시고
모든 입으로 예수 그리스도를 주라 시인하여
하나님 아버지께 영광을 돌리게 하셨느니라(빌2:6-11)

오늘 〈고난 주간의 삶〉이란 제목으로 고난주간의 일정, 예수 그리스도의 보혈, 그리고 십자가의 길, 이상 세 가지 주제에 대해 함께 살펴보기 원합니다. 방금 말씀드린 순서를 따라 진행하도록 하겠습니다.

고난주간의 일정

1. 종려주일: 예수님이 생애 마지막으로 예루살렘에 입성하신 날입니다. 사람들은 나뭇가지를 들고 "호산나 찬송하리로다 주의 이름

으로 오시는 이"라고 찬양했습니다. 이 날을 종려주일이라 부릅니다. 메시아 예수님의 예루살렘 입성은 이미 오래 전 예언된 것입니다. 구약의 예언자 스가랴 9:9절은 이렇게 선포했습니다. "시온의 딸아 크게 기뻐할지어다 예루살렘의 딸아 즐거이 부를지어다 보라 네왕이 네게 임하시나니 그는 공의로우시며 구원을 베푸시며 겸손하여서 나귀를 타시나니 나귀의 작은 것 곧 나귀새끼니라." 예수님의 예루살렘 입성은 이 예언의 성취입니다. 예수님의 예루살렘 입성은 십자가의 고난과 부활의 승리를 예고한다는 점에서 승리의 입성이라 불립니다. 우리는 주 예수님 따라 거룩한 성, 새 예루살렘으로 승리의 입성을 하게 될 것입니다.

먼저 예수님의 입성은 왕으로서의 입성이었습니다. 예수님이 성경의 예언대로 이스라엘이 오랫동안 대망해온 메시아요 왕이심을 공식적으로 선포하는 입성이었습니다. "네 왕이 네게 임하나니"(슥 9:9 [요 12:13 참조]).

예수님의 입성은 또한 고난의 길, 십자가의 길로 가시는 대속의 죽음을 위한 입성이었습니다. 고통의 길, 슬픔의 길, 눈물 없이는 못 가는 길입니다.

2. 월요일: 성전 청결의 날 – 성도의 공동체가 바로 성전(temple)입니다. 주님이 우리에게 강도의 소굴이 되었다고 채찍을 들지 않으실지 성찰하는 날입니다.

3. 화요일: 변론의 날 – 주님의 가르침은 화요일에 집중됩니다.

종말의 심판, 재림과 심판 비유 등을 가르치시며 제사장과 바리새인의 질문에 진리로 답하셨습니다. 또 예루살렘을 바라보며 탄식하십니다.

4. 수요일: 침묵의 날 – 자기 자신과 가장 많은 대화를 하시며, 고뇌의 하루를 보내셨습니다. 도유의 사건이 일어난 날입니다.

5. 목요일: 번민의 날 – 제자들의 발을 씻겨 주신 날로 '세족일'이라고도 합니다. 마가의 다락방에서 최후의 만찬이자 최초의 성찬식을 치르시고, 긴 고별사(다락방 강요)를 남기신 후 겟세마네 동산에서 피땀 흘리며 기도하시고 내려오시다 체포 당하셨습니다.

6. 금요일(성금요일): 수난과 고난의 날입니다. 수차례 심문을 받으시고 새벽 6시 30분에 사형선고를 받으셨습니다. 십자가를 지고 골고다에 오르시어 십자가에 달려 일곱 마디 말씀을 남기시고 운명하셨습니다(가상칠언). 이때가 오후 3시입니다.

7. 토요일: 비애의 날 – 고난주간이 끝나는 날입니다. 주님이 아리마대 요셉의 무덤에 머무신 이 날에 그리스도의 장사됨을 기억하고 우리도 죽어 장사됐다는 뜻에서 세례를 베풀기도 합니다.

8. 부활주일: 부활의 날 – 잘 알려진 찬송가의 한 부분으로 설명을 대신합니다. "원수를 다 이기고 무덤에서 살아나셨네 어두움을 이기시고 나와서 성도 함께 길이 다스리시네 사셨네 사셨네 예수 다시 사셨네"(찬송가 160 후렴).

예수 그리스도의 보혈

그 중 한 군병이 창으로 옆구리를 찌르니 곧 피와 물이 나오
더라(요 19:34)

예수님의 피는 그가 십자가에서 운명하셨음을 증거합니다. 예수
님은 사십에 하나 감한 매를 맞으시고 가시관을 쓰시고 십자가를 지
셨습니다. 손과 발과 목에 못과 창으로 찔리셨습니다.

1. 예수님의 피는 흠 없는 피, 완전무결한 피입니다. 히브리서
9:14절은 기록합니다. "하물며 영원하신 성령으로 말미암아 흠 없는
자기를 하나님께 드린 그리스도의 피…" 베드로전서 1:19절도 예수
님의 피를 "오직 흠 없고 점없는 그리스도의 피"로 고백합니다.

2. 예수님의 피는 속죄의 피, 죄를 사하고 씻어주는 피입니다. 히
브리서 9:22절입니다 "피로써 정결케 되나니 피흘림이 없은즉 사함
이 없느니라." 요한일서 1:7절입니다 "그 아들 예수의 피가 우리를
모든 죄에서 깨끗하게 하실 것이요. 에베소서 1:7절입니다. "우리가
그리스도 안에서 그의 은혜의 풍성을 따라 그의 피로 말미암아 속량
곧 죄 사함을 받았느니라."

3. 예수님의 피는 영생의 피, 생명을 주는 피입니다. 인간의 죄를
씻어줄 뿐 아니라 영원한 생명을 부어 주시는 피입니다. 예수 그리
스도가 주시는 이 생명은 하나님의 생명, 즉 영원한 생명입니다. 요

한복음 6:53-57절입니다. "예수께서 이르시되 내가 진실로 진실로 너희에게 이르노니 인자의 살을 먹지 아니하고 인자의 피를 마시지 아니하면 너희 속에 생명이 없느니라 내 살을 먹고 내 피를 마시는 자는 영생을 가졌고 마지막 날에 내가 그를 다시 살리리니 내 살은 참된 양식이요 내 피는 참된 음료로다 내 살을 먹고 내 피를 마시는 자는 내 안에 거하고 나도 그 안에 거하나니 살아 계신 아버지께서 나를 보내시매 내가 아버지로 인하여 사는 것 같이 나를 먹는 그 사람도 나로 인하여 살리라."

예수의 피가 흠이 없다 해도 그 피가 내게 효력이 있어야 합니다. 그 피로 내 죄가 씻음을 받아야 합니다. 그 영원한 생명을 우리가 받아야 합니다. 예수 그리스도께서 피의 제사를 드렸는데 이것이 바로 십자가 사건입니다. 주 예수께서 십자가를 지고 죽으심으로 인해 다음 두 가지 계시가 확정됐습니다.

* 인간의 모든 죄 값을 지불하는 하나님의 심판. 십자가는 우리의 모든 죄를 예수 그리스도에게 담당시켜서 죄 값을 지불하는 하나님의 심판의 역사입니다.

죄의 삯은 사망이요 하나님의 은사는 그리스도 예수 우리 주 안에 영생이니라(롬 6:23)

그가 찔림은 우리의 허물을 인함이요 그가 상함은 우리의 죄악을 인함이라 그가 징계를 받음으로 우리가 평화를 누리고 그가 채찍에 맞음으로 우리가 나음을 입었도다 우리는 다 양 같아서 그릇 행하며 각기 제 길로 갔거늘 여호와께서는 우리 무리의 죄악을 그에게 담당시키셨도다(사 53:5-6)

육체의 생명은 피에 있음이라 내가 이 피를 너희에게 주어 단에 뿌려 너희의 생명을 위하여 속하게 하였나니 생명이 피에 있으므로 피가 죄를 속하느니라(레 17:11)

친히 나무에 달려 그 몸으로 우리 죄를 담당하셨으니 이는 우리로 죄에 대하여 죽고 그에 대하여 살게 하려 하심이라 저가 채찍에 맞음으로 너희는 나음을 얻었나니(벧전 2:24)

＊예수를 믿으면 구원받는다는 하나님의 약속의 성취. 예수 그리스도의 십자가는 하나님의 심판과 인간의 구원이 확정된 사건입니다. 인간의 죄 값은 예수 그리스도로 인해 다 해결됐습니다. 다 지불됐습니다. 그러므로 예수를 믿으면 죄에서 구원받습니다. 예수 그리스도의 십자가는 내가 그리스도와 함께 죽은 것이고, 예수 그리스도의 부활은 내가 그리스도 안에서 함께 살아난 것입니다. "긍휼에 풍성하신 하나님이 우리를 사랑하신 그 큰 사랑을 인하여 허물로 죽은 우리를 그리스도 예수와 함께 살리셨고 (너희가 은혜로 구원을 얻은 것이라) 또 함께 일으키사 그리스도 예수 안에서 함께 하늘에 앉히시니"(엡 2:4-6). 이 에베소서 말씀은 구원받은 우리의 정체성을 보여줍니다. 우리의 신분, 우리의 정체성은 '그리스도 안에 있는 자'입니다. 십자가와 부활은 그리

스도의 피 제사의 두 가지 절차입니다. 예수님이 십자가 제단에서 피를 뿌림으로 우리가 죄사함 받은 것이요, 주님이 십자가를 통과하여 부활하심으로 우리가 승리의 면류관을 누리게 된 것입니다. 이것이 바로 복음이요 구원의 원형입니다. "주의 보혈 능력있도다 주의 피 믿으오 주의 보혈 그 어린 양의 매우 귀중한 피로다."

십자가의 길

주님이 십자가에 달려 운명하신 수난의 날을 성 금요일이라고 합니다. 영어로는 이 날을 "Good Friday"라고 부릅니다. 그 처참한 날이 어째서 "Good" Friday일까요? 그리스도께서 구원 사역을 성취하시고 정사와 권세를 벗어버려 밝히 드러내시고 십자가로 승리하셨기 때문입니다. 우리는 성 금요일을 맞아 하나님 아버지만 바라보며 십자가의 길을 가신 주 예수님을 찬양합니다.

1. 십자가의 길은 그 출발이 거룩한 자기부인(자기부정)입니다.

이에 예수께서 제자들에게 이르시되 누구든지 나를 따라 오려거든 자기를 부인하고 자기 십자가를 지고 나를 따를 것이니라(마 16:24)

거룩한 자기부인(부정)은 신앙의 삶의 첫 관문이요, 주님을 따르는 제자의 첫 조건입니다. 우리는 우리가 죄인임을 알아야 합니다. 에베소서 2:1-3절은 우리가 죄로 죽은 존재임을 고백합니다. "너희의 허물과 죄로 죽은 너희를 살리셨도다."

2. 십자가의 길은 거룩한 자기 비움입니다.

> 오히려 자기를 비어 종의 형체를 가져 사람들과 같이 되었고 사람의 모양으로 나타나셨으매 자기를 낮추시고 죽기까지 복종하셨으니 곧 십자가에 죽으심이라(빌 2:7-8)

예수님은 말구유에서 탄생하시고 나사렛 목수의 아들로 세상에 오셨습니다. 그는 멸시와 천대 가운데 일생을 보내시며 가난한 자와 소외된 자들과 함께 하시며 병자를 고치시고 약자를 도우시며 죄인들의 친구가 되어 주셨습니다. 그러므로 믿는 자는 자기를 비워 종의 형체를 가지고 겸손과 봉사로 일관하신 주님의 뒤를 따라야 합니다. 자신을 낮추고 타인을 섬기며 십자가의 길을 가야 합니다.

3. 십자가의 길은 그 종점이 자기희생입니다.

> 예수께서 너희를 사랑하시는 것 같이 너희도 사랑 가운데서

행하라 그는 우리를 위하여 자신을 버리사 향기로운 제물과 생축으로 하나님께 드리셨느니라(엡 5:2)

빌립보서 2:8 하반절은 말씀합니다. "죽기까지 복종하셨으니 곧 십자가에 죽으심이라." 베드로전서는 다음과 같이 선포합니다. "친히 나무에 달려 그 몸으로 우리 죄를 담당하셨으니 이는 우리로 죄에 대하여 죽고 의에 대하여 살게 하려 하심이라"(벧전 2:24). 예수님은 자기를 비워 낮추실 뿐 아니라 마침내 자기 몸을 인류를 구원하는 속죄의 제물로 십자가에서 희생하셨습니다. 이것이 그리스도인들이 따라야 할 길입니다. 이것이 바로 성도들이 가야 할 십자가의 길입니다.

●　●　●　●

사랑하는 여러분, 예수 믿는다고 성공과 축복만 찾아오는 것이 아닙니다. 그러나 주님의 약속을 신뢰하십시오. "자녀이면 또한 후사 곧 하나님의 후사요 그리스도와 함께 한 후사니 우리가 그와 함께 영광을 받기 위하여 고난도 함께 받아야 될 것이니라 생각건대 현재의 고난은 장차 우리에게 나타날 영광과 족히 비교할 수 없도다"(롬 8:17-18).

주님이 십자가에 달리신지 6시간 만에 "다 이루었다"고 크게 소리 지르시고 운명하셨습니다. 주님이 패배하고 세상이 승리하는 것 같았습니다. 그러나 예수님은 장사한지 사흘 만에 죽은 자 가운데서 부활하시어 지금도 살아 역사하십니다. 예수님을 나의 삶의 현장에 묻고 살지는 않습니까? 예수님을 묻는 자는 자기가 묻히게 됩니다. 영원하신 그리스도를 전하는 자는 부활하신 주님과 영원히 살게 됩니다. 주님은 선포하셨습니다. "예수께서 가라사대 나는 부활이요 생명이니 나를 믿는 자는 죽어도 살겠고 무릇 살아서 나를 믿는 자는 영원히 죽지 아니하리니 이것을 네가 믿느냐"(요 11:25-26). 이를 믿으십니까?

예수님의 십자가 사건의 목적은 무엇일까요? 고린도후서 5:15절이 그 답을 제시합니다. "저가 모든 사람을 대신하여 죽으심은 산 자들로 하여금 다시는 저희 자신을 위하여 살지 않고 오직 저희를 대신하여 죽었다가 다시 사신 자를 위하여 살게 하려 함이니라." 우리가 자기중심의 삶에서 돌이켜 그리스도 중심적인 삶을 살게 되는 것이 바로 그 목적입니다. 여러분, 자기를 부인하고, 낮추고, 주님 중심의 삶을 선택하시기 바랍니다. 주님 가신 십자가의 길을 선택하고 그리스도와 함께 하는 생명의 길을 선택하시기를 축원합니다.

제6장

가상칠언으로 본 예수님의 삶

예수님이 십자가 위에서 하신 일곱 마디 말씀에 근거하여 예수님의 삶에 대해 살펴보겠습니다. 누구나 인생의 마지막이 완성에 이르기를 소원합니다. 그리고 우리는 한 사람의 임종에서 그의 삶의 진실을, 그리고 그 삶 자체를 읽을 수 있습니다. 그래서 마지막이 중요합니다. 그래서 골고다가 중요합니다. 이 땅에서 예수님의 삶은 결코 길지 않았습니다(33년). 그의 삶은 결코 평탄하지 않았습니다. 그분의 마지막은 비극적이었습니다(십자가에 달린 사형수). 그러나 그분의 마지막은 위대한 승리였습니다! 골로새서 2:15절의 말씀이 그리스도의 승리를 확증합니다. "정사와 권세를 벗어버려 밝히 드러내시고 십자가로 승리하셨느니라!" 오늘 예수님의 삶을 배우기 위해, 그리고 예수님을 닮기 위해, 십자가상에서 하신 일곱 마디 말씀에 귀 기울이고자 합니다. 한 말씀씩 살펴보겠습니다.

제1언: 용서의 삶

이에 예수께서 가라사대 아버지여 저희를 사하여 주옵소서
자기의 하는 것을 알지 못함이니이다 하시더라 저희가 그의
옷을 나눠 제비 뽑을새(눅 23:24)

이 절절한 고통의 순간에 자기의 고통과 자기의 문제가 아닌, 자기를 십자가에 못 박은 사람들을 위해 기도하신 예수님의 삶은 바로 용서의 삶입니다. 그렇다면 그분에게 용서를 받아 새로운 삶을 시작한 우리는 어떠한 삶을 살아야 할까요? 우리도 주님 따라 용서의 삶을 살아야 합니다.

용서는 하나님의 명령입니다. 그렇다면 용서하지 않음은 무엇입니까? 바로 불순종입니다. 주님의 명령에 대한 불순종입니다. 베드로는 물었습니다. "일곱 번까지 [용서] 하오리이까?"(마 18:21). 예수님이 대답하셨습니다. "일흔 번씩 일곱 번이라도 할지니라"(마 18:22).

주기도문의 중요한 강조점 중 하나가 바로 용서의 삶입니다(마 6:12). "우리가 우리에게 죄 지은 자를 사하여 준 것 같이 우리 죄를 사하여 주시옵고." 마태복음 6:14-15절은 말씀합니다. "너희가 사람의 잘못을 용서하면 너희 하늘 아버지께서도 너희 잘못을 용서하시려니와 너희가 사람의 잘못을 용서하지 아니하면 너희 아버지께서

도 너희 잘못을 용서하지 아니하시리라.”

제2언: 구원의 삶

> 가로되 예수여 당신의 나라에 임하실 때에 나를 생각하소서
> 하니 예수께서 이르시되 내가 진실로 네게 이르노니 오늘 네
> 가 나와 함께 낙원에 있으리라 하시니라(눅 23:42-43)

하나님의 아들이신 분이 사람이 되신 이유는 무엇입니까? 바로
영혼구원입니다. 누가복음 19:10절입니다. “인자의 온 것은 잃어버
린 자를 찾아 구원하려 함이니라.” 예수님의 이 같은 구원 목적, 그
리고 그의 구원의 삶을 가장 극적으로 드러내 주는 장면을 우리는
십자가에서 목도합니다. 십자가에 달려 죽어가는 예수님이 최후까
지 한 영혼을 구원코자 하십니다. 그는 회개한 강도에게 “네가 오늘
나와 함께 낙원에 있으리라”고 말씀하십니다. 이 말씀을 통해 우리
는 주님의 구원의 삶을 봅니다.

오늘이 구원의 시간입니다. 오늘 이 시간이 하나님의 은혜를 경
험해야 할 시간입니다. 바로 오늘이, 아니 바로 이 순간이 낙원을 경
험해야 할 시간입니다. 그래서 “네가 오늘 나와 함께 낙원에 있으리
라”고 말씀하신 겁니다. 여리고의 세리장 삭개오의 회심을 기억하십
니까? 누가복음 19:8-9절입니다. “삭개오가 서서 주께 여짜오되 주

여 보시옵소서 내 소유의 절반을 가난한 자들에게 주겠사오며 만일 누구의 것을 속여 빼앗은 일이 있으면 네 갑절이나 갚겠나이다 예수께서 이르시되 오늘 구원이 이 집에 이르렀으니 이 사람도 아브라함의 자손임이로다!"

바로 오늘이 우리가 하나님의 은혜를 체험할 시간이요 하나님의 영광을 바라볼 시간입니다. 주님을 만날 시간입니다. 고린도후서 6:12절은 말씀합니다. "보라 지금은 은혜 받을 만한 때요 보라 지금은 구원의 날이로다." 우리의 지식, 재산, 권세, 명예, 최선의 노력이, 최선의 의지가 우리를 구원할 수 없습니다. 예수 그리스도를 구주와 주님으로 믿는 그 순간, 그리스도와 연합되어 그리스도가 우리를 위해 준비하신 그 영원한 영광 속에 들어가는 사건, 이것이 구원입니다. 이 놀라운 구원을 경험하셨나요?

제3언: 사랑의 삶

> 예수께서 그 모친과 사랑하시는 제자가 곁에 섰는 것을 보시고 그 모친께 말씀하시되 여자여 보소서 아들이니이다 하시고 또 그 제자에게 이르시되 보라 네 어머니라 하신대 그 때부터 그 제자가 자기 집에 모시니라(요 19:26-27)

사람이 고통의 극점에 달하면 무슨 생각을 할까요? 아무 생각이

나지 않는다고 합니다. 고통 그 자체에 대한 것 외에는 아무 다른 생각이 없다고 합니다. 그런데 주님은 십자가의 처절한 고통을 받으면서도 이웃에 대한 관심을 끊임없이 보이십니다. 첫 번째 말씀은 원수를 향하여 주어졌지요? 두 번째 말씀은 누구에게 주셨습니까? 회개한 강도에게 주셨습니다. 그럼 세 번째 말씀은 누구에게 주신 말씀이었을까요? 어머니와 제자에게 하신 말씀이었습니다. "어머니, 아들이 여기 있습니다." 그리고 그 곁에 있는 사랑하시는 제자 요한에게 어머니를 부탁하십니다. "요한아, 네 어머니로 섬겨다오." 그날 이후 평생 동안 사도 요한은 마리아를 어머니로 봉양했습니다. 사도 요한이 이 사랑을 실천할 수 있었던 이유는 무엇일까요? 요한이 주님의 사랑을 체험했기 때문입니다. 사랑을 받은 자만이 사랑을 나눌 수 있습니다. 사랑을 경험한 자만이 사랑을 실천할 수 있습니다.

사도 요한의 별명은 무엇입니까? 사랑의 사도입니다. 원래는 보아너게, 즉 '우뢰의 아들'이라 불렸습니다. 사마리아를 지날 때 사마리아 사람들이 예수님을 배척하자 하늘에서 벼락을 내려 불살라 버리도록 제안할 정도였습니다. 그러나 주님의 사랑을 알고부터 점차 사랑의 사람으로 변화되어 갔습니다.

요한은 평생 주님과의 약속을 지켜 마리아를 자기 어머니로 섬겼는데, 그렇다고 요한이 손해 봤습니까? 결코 아닙니다. 그는 하늘의 놀라운 계시를 접하며 요한계시록을 기록했습니다. 그리고 하늘의 위대한 비밀을 여는 살아있는 순교자가 됐습니다. 훗날 요한은 유명한 사랑의 편지를 씁니다. "사랑하는 자들아 우리가 서로 사랑하자… 하나님은 사랑이심이라 사랑은 여기 있으니 우리가 하나님을 사랑한 것이 아니요 오직 하나님이 우리를 사랑하사 우리 죄를 위하여 화목제로 그 아들을 보내셨음이니라 우리가 사랑함은 그가 먼저 우리를 사랑하셨음이라 우리가 서로 사랑하면 하나님이 우리 안에 거하시고 그의 사랑이 우리 안에서 온전히 이루느니라"(요일 4:7-12, 19).

제4언: 고독의 삶

> 제육시로부터 온 땅에 어두움이 임하여 제구시까지 계속하더니 제구시 즈음에 예수께서 크게 소리질러 가라사대 엘리 엘리 라마 사박다니 하시니 이는 곧 나의 하나님 나의 하나님 어찌하여 나를 버리셨나이까 하는 뜻이라(마 27:45-46)

예수님의 삶은 고독한 삶이었습니다. "여우도 굴이 있고 공중의 새도 집이 있으되 인자는 머리 둘 곳이 없도다"(눅 9:58)고 하신 예수님의 고백을 기억하십니까? 고독한 삶의 단면을 잘 드러내는 고백입니다. 주님의 삶에서 고독의 클라이맥스는 십자가였습니다. 주님은 십자가에서 그분의 유일한 위로요 최후의 위로이신 하나님 아버지께조차 버림을 받으셔야만 했습니다. "엘리 엘리 라마 사박다니." 이

고독의 절규가 십자가상에서의 네 번째 말씀입니다.

예수님은 스스로 십자가의 죽음을 선택하셨습니다. 다시 말하자면, 주님이 십자가의 고독을 선택하신 것입니다.

> 아버지께서 나를 아시고 내가 아버지를 아는 것 같으니 나는 양을 위하여 목숨을 버리노라(요 10:15)
> 이를 내게서 빼앗는 자가 있는 것이 아니라 내가 스스로 버리노라 나는 버릴 권세도 있고 다시 얻을 권세도 있으니 이 계명은 내 아버지에게서 받았노라 하시니라(요 10:18)
> 인자의 온 것은 섬김을 받으려 함이 아니라 도리어 섬기려 하고 자기 목숨을 많은 사람의 대속물로 주려 함이니라(막 10:45)

그렇다면 왜 굳이 고독을 택하셨을까요? 바로 우리의 죄 때문입니다. 친히 나무에 달려 그 몸으로 우리 죄를 담당하셨다는 말씀은 주님이 우리 대신 죄인의 자리를 취하셨다는 의미입니다. 예수님이 십자가에 달리시는 그 순간 온 세상의 죄가 그분에게 지워졌다는 사실을 잊지 마십시오. 그가 고독을 택하신 것은 우리의 구원 때문입니다. 주님이 십자가에서 세 시간에 걸친 어둠을 견뎌 내시고 최후의 핏방울을 골고다 언덕에 떨구신 바로 그 순간 우리 죄 값이 지불됐습니다. 구원의 길이 활짝 열렸습니다(마 27:51 참조).

바로 그 순간 지성소 앞을 가로막고 있던 휘장이 위에서부터 아래까지 찢어졌습니다. 하나님 아버지 앞으로 나아가는 새롭고 산 길이 활짝 열렸습니다. 이 놀라운 사실에 대한 증언이 히브리서 10:19-20절입니다. "그러므로 형제들아 우리가 예수의 피를 힘입어 성소에 들어갈 담력을 얻었나니 그 길은 우리를 위하여 휘장 가운데로 열어 놓으신 새롭고 산 길이요 휘장은 곧 저의 육체니라."

우리를 위하여 피 흘려 휘장 가운데로 열어 놓으신 생명의 길은 주님이 십자가에서 고독을 견디시고 대가를 지불하시고 열어놓으신 새롭고 산 길입니다. "내[예수 그리스도]가 곧 길이요 진리요 생명이니 나로 말미암지 않고는 아버지께로 올 자가 없느니라"(요 14:6).

여러분 고독하십니까? 고독을 해결할 수 있는 유일한 처방은 예수 그리스도입니다. 예수 그리스도가 고독의 문제에 대한 해답입니다. 그분은 한평생 고독의 길을 걸으셨습니다. 바로 우리를 위해서 말입니다. 오늘도 주님은 고독에 지친 우리를 초청하십니다. 마태복음 11:28-30절입니다. "수고하고 무거운 짐진 자들아 다 내게로 오라 내가 너희를 쉬게 하리라 나는 마음이 온유하고 겸손하니 나의 멍에를 메고 내게 배우라 그러면 너희 마음이 쉼을 얻으리니 이는 내 멍에는 쉽고 내 짐은 가벼움이라 하시니라."

제5언: 고통의 삶

이 후에 예수께서 모든 일이 이미 이룬 줄 아시고 성경으로

응하게 하려 하사 가라사대 내가 목마르다 하시니 거기 신 포
도주가 가득히 담긴 그릇이 있는지라 사람들이 신 포도주를
머금은 해융을 우슬초에 매어 예수의 입에 대니(요 19:28-29)

"내가 목마르다." 주님이 십자가 고통의 절정에서 토해내신 말씀
입니다. 예수님의 고통은 겟세마네 동산에서 이미 시작됩니다. "예
수께서 힘쓰고 애써 더욱 간절히 기도하시니 땀이 땅에 떨어지는 핏
방울 같이 되더라"(눅 22:44). 사복음서 중에서 의사인 누가만이 겟세
마네 동산에서의 기도를 이런 방식으로 기록했습니다. 땀이 핏방울
같이 되는 것은 극도의 감정적인 과로 상태에서 작은 모세관이 땀샘
에 파괴되어 피와 땀이 섞이는 현상이라고 합니다.

이어 예수님은 사십에 하나 감한 매를 맞으셨습니다. 등살 가죽
이 걸레처럼 너덜너덜해지고 등 전체는 알아볼 수 없을 정도로 찢어
지고 피로 범벅이 되었습니다. 또 예수님은 가시 면류관을 쓰셨습니
다. 머리는 신체 중에서도 혈관이 특히 많은 곳입니다. 때문에 예수
님은 많은 피를 쏟으셨습니다. 무거운 십자가의 가로대가 예수님의
어깨를 가로질러 묶였습니다. 이 십자가 가로대를 지고 골고다로 향
합니다. 십자가가 어깨와 찢어진 피부 속의 근육을 도려내듯 비벼댑
니다.

손목과 발목에 못을 박았습니다. 십자가에 못 박혔습니다. 점차
힘이 빠져 손목에 박혀 있는 못이 몸무게를 지탱하자 무서운 아픔이

밀려오고 중추에 압박이 가해집니다. 몸을 위로 밀어 올리자 경련이 근육 전체에 퍼집니다. 사정없이 쑤셔 대는 아픔이 엄습합니다. 팔에 몸무게가 실리자 가슴 근육이 마비되고 호흡이 가빠집니다. 호흡을 위해 몸을 위로 올리고자 안간힘을 쓰자 이산화탄소가 허파와 혈류에 채워집니다. 다섯 시간이 지났습니다. 말로 형용할 수 없는 아픔과 관절 마디마디를 부수는 듯한 경련이 덮쳐옵니다. 순간순간 부분적인 질식 상태가 되고 심장의 압박으로 짓이기는 듯한 고통이 가슴 깊숙이 파고듭니다. 이제 거의 모든 것이 끝나갑니다. 그분은 마침내 절규합니다. "내가 목마르다."

예수님이 고통 가운데 죽으신 이유는 무엇일까요? 바로 참 사람이 되셨기 때문입니다. 요한복음 1:14절입니다. "말씀이 육신이 되어 우리 가운데 거하시며 우리가 그 영광을 보니 아버지의 독생자의 영광이요 은혜와 진리가 충만하더라." 주님이 참 인간이 되어 이 땅에 오셨기에 생애 전체를 통해서 인간이 경험하는 모든 고통을 겪으신 것입니다. 그리고 마지막에 십자가에서 최악의 고통을 감내하셨습니다. 죄를 빼놓고는 우리와 동일한 고난, 고통을 겪으셨던 주님은 인생의 고통을 이해하시고 그 고통을 잘 견디지 못하는 인간의 연약함을 아시기에 "내가 그 고통을 이해한다. 고통 받는 자여 은혜의 보좌 앞으로 나오라"고 말씀 하십니다. 히브리서 4:15-16절입니다. "우리에게 있는 대제사장은 우리 연약함을 동정하지 못하실 이가 아니요 모든 일에 우리와 똑같이 시험을 받으신 이로되 죄는 없으시니라 그러므로 우리가 긍휼하심을 받고 때를 따라 돕는 은혜를 얻기 위하여 은혜의 보좌 앞에 담대히 나아갈 것이니라."

그리스도인들에게 약속된 삶은 결코 고통이 면제된 삶이 아닙니다. "세상에서는 너희가 환난을 당하나 담대하라 내가 세상을 이기었노라"(요 16:33). 고통 없는 삶이 아닌, 고통에도 불구하고 그 고통을 넘어선 궁극적인 승리를 예수님은 약속하신 것입니다.

제6언: 성취의 삶

> 예수께서 신 포도주를 받으신 후 가라사대 다 이루었다 하시고 머리를 숙이시고 영혼이 돌아가시니라(요 19:30)

주님의 삶은 성취의 삶이었고 주님의 죽으심은 성취의 죽으심이었습니다. 그런데 예수님은 자신의 죽음을 통해 무엇을 성취하셨습니까? 구약 예언을 성취하셨고, 율법을 성취하셨으며, 구원을 성취하셨습니다. 이에 대해 하나씩 조금 더 살펴보겠습니다.

1. 구약 예언의 성취

예수 그리스도의 생애처럼 철저하게 빈틈없이 계획되고 예언된 생애는 없습니다. 태어나기 수백 년 전부터 동정녀 탄생, 다윗의 혈통, 탄생 장소, 예수라는 이름, 이집트로의 피난, 어린 나귀를 타고 입성하심, 고통 속에 목이 갈하여 초로 마시우게 된다는 것까지 구약성경에 예언되어 있습니다. 이 같은 구약성경의 예언들이 성취되었음을 확증하시며 주님은 "다 이루었다!"고 선포하셨습니다. 예수님의 삶 그리고 그의 죽으심은 하나님의 계획에 따른 것이었습니다. 그 계획이 성취되는 그 순간, 고통의 절정에서 예수님은 외치십니다. "다 이루었다!" 예수 그리스도의 십자가와 부활은 구약 성경에 따른 것이었습니다(고전 15:3-4).

2. 율법의 성취

예수님이 이 땅에 오신 이유는 율법을 위반하고 율법에 의해 정죄 되어 하나님의 심판과 저주를 피할 수 없었던 사람들을 대신하여 그 율법을 지키시고 또 사람들이 율법을 위반한 결과에 대해 대신 심판과 저주를 받으사 하나님의 공의를 만족시키고 하나님의 율법을 성취하시기 위함입니다. "내가 율법이나 선지자나 폐하러 온 줄로 생각지 말라 폐하러 온 것이 아니요 완전하게 하려 함이라"(마 5:17).

우리는 죄인입니다. 따라서 율법을 따라 하나님의 심판과 저주를 피할 수 없었습니다. 그런데 "그리스도께서 우리를 위하여 저주를 받은 바 되사 율법의 저주에서 우리를 속량"하셨습니다(갈 3:13 [엡2:1 참조]). 주 예수님이 우리 죄를 짊어지시고 그 죄에 대한 저주를 대신 받으심으로 말미암아 우리 죄의 부채를 해결해주신 것입니다. 우리의 허물과 죄를 대신 담당하시고 골고다 언덕에서 마지막 피 한 방울을 떨구시던 바로 그 순간 주님은 외치셨습니다. "다 이루었다."

3. 구원의 성취

예수님은 예언을 성취하셨고 율법을 성취하셨고 또 구원을 성취하셨습니다. 십자가의 고난이 완료된 바로 그 순간 구원이 성취된 것입니다. 어떤 젊은 관원이 예수님 앞에 나와 질문합니다. "제가 무엇을 하여야 영생을 얻으리이까?"(눅 18:18) 이 질문 자체에 잘못된 전제가 들어가 있습니다. '내가 무엇을 해야만' 영생, 구원을 얻을 수 있다는 행위주의적 전제입니다. 구원을 위해 내가 할 일은 없습니다. 혹 있다고 생각하더라도 그것을 하나님 앞에 공로로 내세울 수는 없습니다.

허물과 죄를 담당하고 보배로운 피를 흘리는 그 마지막 순간에 주님은 외치십니다. "다 이루었다." 구원이 성취된 것입니다. 우리는 하나님의 선물인 이 구원을 믿음으로 받아들이면 됩니다. 이것이 복음입니다. "죄의 삯은 사망이요 하나님의 은사는 그리스도 예수 우리 주안에 있는 영생이니라"(롬 6:23). 영원한 생명이 선물로 주어집니다. 받기만 하면 됩니다. 그래서 에베소서 2:8-9절은 말씀합니다. "너희는 그 은혜에 의하여 믿음으로 말미암아 구원을 받았으니 이것은 너희에게서 난 것이 아니요 하나님의 선물이라 행위에서 난 것이 아니니 이는 누구든지 자랑치 못하게 함이라."

제7언: 승리의 삶

예수께서 큰 소리로 불러 가라사대 아버지여 내 영혼을 아버
지 손에 부탁하나이다 하고 이 말씀을 하신 후 운명하시다
(눅 23:26)

말할 수 없는 고통 가운데 예수님은 십자가상에서 서서히 죽어
가셨습니다. 그리고 "아버지여 내 영혼을 아버지 손에 부탁하나이
다"라고 말씀하신 후 운명하셨습니다. 예수님의 이 같은 선언은 그
의 죽음이 승리의 삶의 결산임을 보여줍니다.

결국 우리는 어느 날, 그 어디에선가 피할 수 없는 죽음을 맞게 됩
니다. 그렇기에 죽음을 이기는 비결을 안다는 것은 그 무엇보다 중
요한 사실이 아닐 수 없습니다. 저는 예수 그리스도의 승리의 삶 그
리고 승리에 찬 죽음의 비결은 바로 '믿음의 확신'이라고 믿습니다.
그런데 우리가 무엇을 확신해야 하나요? 먼저 아버지의 임재를 확신
해야 하고 아울러 아버지의 약속을 확신해야 합니다.

1. 아버지의 임재의 확신

예수님은 평생 아버지를 부르며 사셨습니다. 12세 소년 때 예수
님은 "내가 내 아버지 집에 있어야 할 줄을 모르셨나요?"라고 말씀
하셨습니다. 다락방 강화가 예시하듯, 한 평생 아버지를 부르며 사

셨습니다. 다시 말해, 날마다 그리고 순간마다 아버지와의 교제 가운데서 사셨습니다. 예수님은 생애 마지막 순간에도 하나님 아버지를 부르십니다. "아버지여 내 영혼을 아버지께 부탁하나이다." 아버지의 임재, 아버지의 함께 하심에 대한 확신이 예수님이 생애 마지막 순간을 승리로 완성하실 수 있었던 비결이었습니다.

2. 아버지의 약속을 확신

예수님은 아버지의 보호의 약속을 확신하셨습니다. 예수님의 말씀에 모든 것을 걸고 사셨습니다. 광야에서 시험을 받으실 때 예수님은 말씀하셨습니다. "사람이 떡으로만 살 것이 아니요 하나님의 입으로 나오는 모든 말씀으로 살 것이라 하였느니라"(마4:4). 말씀을 붙들고 사셨고 생애의 마지막에도 시편 31:5절의 말씀을 붙드셨습니다. "내가 나의 영을 주의 손에 부탁하나이다." 아버지의 약속을 확신했던 주 예수님의 확신이 오늘 우리 모두의 확신이 될 수 있기를 축원합니다.

한국교회가 존경했던 이성봉 목사님은 생전에 늘 두 손을 꼭 쥐고 다니셨습니다. "목사님, 어째서 손을 그렇게 꼭 쥐고 다니세요?"라는 질문에 목사님은 이렇게 답하셨습니다. "나 주님 손잡고 다니지." 예수님은 요한복음 10:28-29절에서 약속하셨습니다. "내가 그들에게 영생을 주노니 영원히 멸망하지 아니할 것이요 또 그들을 내 손에서 빼앗을 자가 없으리라 그들을 주신 내 아버지는 만물보다 크시매 아무도 아버지 손에서 빼앗을 수 없느니라"(사 41:10참조).

● ○ ● ●

가상칠언은 예수님의 삶에 대해 무엇을 가르쳐 주나요? 가상칠언은 예수님의 삶이 용서의 삶, 구원의 삶, 사랑의 삶, 고독의 삶, 거룩한 고통의 삶, 성취의 삶, 승리의 삶이었음을 생생히 가르쳐줍니다. 하나님, 우리가 그리스도 예수의 삶을 본받아 따라 가게 하소서! 거룩한 모방(sacred imitation)을 이루게 하소서!

제7장

십자가

시몬 베드로가 대답하여 이르되 주는 그리스도시요 살아 계신 하나님의 아들이시니이다 예수께서 대답하여 이르시되 바요나 시몬아 네가 복이 있도다 이를 네게 알게 한 이는 혈육이 아니요 하늘에 계신 내 아버지시니라 또 내가 네게 이르노니 너는 베드로라 내가 이 반석 위에 내 교회를 세우리니 음부의 권세가 이기지 못하리라 내가 천국 열쇠를 네게 주리니 네가 땅에서 무엇이든지 매면 하늘에서도 매일 것이요 네가 땅에서 무엇이든지 풀면 하늘에서도 풀리리라 하시고 이에 제자들에게 경고하사 자기가 그리스도인 것을 아무에게도 이르지 말라 하시니라 이때로부터 예수 그리스도께서 자기가 예루살렘에 올라가 장로들과 대제사장들과 서기관들에게 많은 고난을 받고 죽임을 당하고 제삼일에 살아나야 할 것을 제자들에게 비로소 나타내시니 베드로가 예수를 붙들고 항변하여 이르되 주여 그리 마옵소서 이 일이 결코 주께 미치지 아니하리이다 예수께서 돌이키시며 베드로에게 이르시되 사탄아 내 뒤로 물러 가라 너는 나를 넘어지게 하는 자로다 네가 하나님의 일을 생각지 아니하고 도리어 사람의 일을 생각하는도다 하시고 이에 예수께서 제자들에게 이르시되 누구든지 나를 따라 오려거든 자기를 부인하고 자기 십자가를 지고 나를 따를 것이니라(마 16:16-24)

예수님이 여행 중 가이사랴 빌립보 지방에 이르러 제자들과 대화하십니다.

> 예수님: "사람들이 인자를 누구라 하더냐?"(16:13)
> 제자들: "더러는 세례 요한, 더러는 엘리야, 어떤 이는 예레미야나 선지자 중의 하나라 하나이다"(16:14).
> 예수님: "그러면 너희는 나를 누구라 하느냐?"(16:15)
> 시몬 베드로: "주는 그리스도시요 살아계신 하나님의 아들이시니이다"(16:16).

이 구절에 그리스도의 인성, 신성, 이 땅에 오신 목적 등을 포함하여 기독교 신앙의 본질적 요소들에 대한 소중한 가르침이 담겨 있습니다.

그런데 여러분, 예수님이 우리 각자에게 "너희는 나를 누구라 하느냐?"고 물으신다면 뭐라고 대답하시겠습니까? 시몬 베드로의 신앙고백이 우리 모두의 신앙 고백이 되기를 소원합니다. 베드로의 답변에 흡족하셨던 주님이 베드로를 칭찬하십니다. "바요나 시몬아 네가 복이 있도다… 내가 이 반석 위에 내 교회를 세우리니 음부의 권세가 이기지 못하리라 내가 천국 열쇠를 네게 주리라." 그리고 곧이어 첫 번째 수난 예고를 하십니다.

> 이때로부터 예수 그리스도께서 자기가 예루살렘에 올라가 장로들과 대제사장들과 서기관들에게 많은 고난을 받고 죽임을 당하고 제삼일에 살아나야 할 것을 제자들에게 비로소 나타내시니(16:21)

그러자 베드로가 주님을 책망합니다. "주여 그리 마옵소서 이 일이 결코 주에게 미치지 아니하리이다." 그러자 주님께서 베드로를 호되게 책망하십니다. "사탄아 내 뒤로 물러가라 너는 나를 넘어지게 하는 자로다. 네가 하나님의 일은 생각지 아니하고 도리어 사람의 일을 생각하는도다." 베드로는 고난 없는 영광, 십자가 없는 면류관을 생각했기 때문에 이 같은 책망을 듣게 된 것입니다. 이어 주님이 제자들에게 말씀하셨습니다. "누구든지 나를 따라오려거든 자기를 부인하고 자기 십자가를 지고 나를 따를 것이니라."

사랑하는 여러분께 묻습니다. 예수님을 사랑하십니까? 주의 십자가를 사랑하십니까? 온갖 고난과 역경에도 불구하고 예수 그리스도를 위하여 모든 것을 드려 불꽃처럼 살아간 이들, 구름같이 둘러싼 허다한 증인들의 공통점은 십자가를 실존적으로 경험했다는 것입니다. 고린도후서 4:10절은 말씀합니다. "우리가 항상 예수 죽인 것을 몸에 짊어짐은 예수의 생명도 우리 몸에 나타나게 하려 함이라."

십자가를 어떻게 생각하느냐에 따라서 우리의 인생이 결정됩니다. 십자가로부터 인생의 승패, 인생의 생사가 갈립니다. 「죽음에 이르는 병」의 저자인 키에르케고르는 "인생은 사십부터가 아니다. 이십부터도 아니다. 인생은 십자가부터다"라고 선언했습니다. 우리 주 예수 그리스도의 십자가는 영원한 생명과 영원한 멸망을 나누는 결정적 잣대입니다. 우리 심령에 십자가가 있으면 생명이 있고 십자가가 없으면 생명이 없습니다. 십자가의 이 같은 중요성에 주목하면서, 오늘 <십자가>라는 제목으로 말씀을 살펴 함께 은혜를 나누고자 합니다.

'십자가'란?

십자가는 고통을 수반하는 사형 틀로 앗수르인들의 사형풍습에서 유래했습니다. 원래 단순한 기둥으로 범죄자를 묶거나 고정시키는 방식이었는데 로마가 이를 다양하게 변형시켰습니다. 십자가형은 죽기까지 고통을 당합니다. 죽어야 끝납니다. 예수님은 6시간 동안 십자가에 달려 계셨지만 며칠씩 가는 경우도 허다했습니다. 십자가에서 물과 피를 다 쏟기 때문에 갈증이 극심하고 몸의 무게로 인해 극단의 고통을 느끼게 됩니다. 고열과 통증으로 경련을 일으켜 결국 심장파열로 운명하게 됩니다. 죽음에 빨리 이를 수 있도록 사십에 하나 감한 매를 때리고 뼈를 꺾기도 했습니다. 게다가 수치를 더하기 위해 발가벗겨 십자가에 못 박았습니다. 십자가형은 한마디로 가장 가혹하고 참혹한 형입니다. 십자가형은 유대인에게는 저주스럽고 또 혐오스러운 것이었습니다(갈 3:13). 로마인에게는 더욱 그랬습니다. 키케로는 "십자가라는 이름조차 로마 시민의 몸에서 멀어지게 하라. 심지어는 생각, 시야, 귀로부터 멀어지게 하라"고 말했습니다. 십자가는 죽음, 저주, 고난, 죄, 굴욕, 멸망을 의미했으나 예수 그리스도가 인류의 죄를 담당하시고 십자가에 달려 돌아가신 후부터 십자가는 하나님의 능력이요(고전 1:18), 성도의 자랑이요(갈 6:14), 승리의 상징입니다(골 2:15). 또한 구원, 속죄, 희생, 화평, 사랑, 용서의 상징입니다.

예수님이 이 땅에서 사신 삶 자체가 십자가의 삶이셨습니다. 십자가의 이미지는 종(세로), 횡(가로)을 통합니다. 종(縱)으로는, 하나님과 동등 됨을 취할 것으로 여기지 아니하시고 오히려 자기를 낮추어 종의 모습으로 사람의 형상을 입고 십자가에서 죽기까지 복종하셨습니다(빌 2:6-8). 횡(橫)으로는 뜨거운 사랑으로 인류의 죄악을 담당하시어 십자가를 지심으로 온 세상을 새롭게 만드셨습니다(고후 5:17).

예수님은 왜 십자가에 달리셨을까?

> 그가 찔림은 우리의 허물을 인함이요 그가 상함은 우리의 죄
> 악을 인함이라 그가 징계를 받음으로 우리가 평화를 누리고
> 그가 채찍에 맞음으로 우리가 나음을 입었도다. 우리는 다
> 양 같아서 그릇 행하여 각기 제길로 갔거늘 여호와께서는 우
> 리 무리의 죄악을 그에게 담당시키셨도다(사 53:5-6)

그런데 예수님이 왜 십자가에 달리셨습니까? 한마디로 요약하
면, 우리를 사망에서 생명으로 옮기시기 위해서입니다. 갈라디아서
3:13은 이렇게 선포합니다. "그리스도께서 우리를 위하여 저주를 받
은 바 되사 율법의 저주에서 우리를 속량하셨으니 기록된 바 나무에
달린 자마다 저주 아래 있는 자라 하였음이라."

예수님의 십자가가 나와 어떤 관계가 있을까?

그런데 예수 그리스도의 십자가는 나와 구체적으로 어떤 관계가
있는 것일까요? 아래에서 그에 대해 몇 가지 측면에서 살펴보도록
하겠습니다.

1. 예수 그리스도의 십자가는 나를 위한 십자가입니다.

예수님은 십자가의 죽음을 통해 생명을 주셨습니다. 누구에게 생명을 주셨나요? 우리에게 주셨습니다. 누구를 살리셨나요? 저와 여러분을 살리셨습니다. 예수님의 십자가는 바로 저와 여러분을 위한 십자가입니다. 이 세상의 어느 누구도 우리의 허물과 죄를 대신할 이는 없습니다.

> 의인은 없나니 하나도 없으며, 깨닫는 자도 없고, 하나님을 찾는 자도 없고, 다 치우쳐 한가지로 무익하게 되고, 선을 행하는 자는 없나니 하나도 없도다(롬3:10-12)
> 선을 행하여 죄를 범치 아니하는 의인은 세상에 아주 없느니라(전 7:20)

그런데 예수님은 우리를 사랑하사, 아니 온 세상을 사랑하사 자신을 속죄물로 내어 주셨습니다,

> 보라 세상 죄를 지고 가는 하나님의 어린 양이로다(요1:29)
> 저는 우리 죄를 위한 화목제물이니 우리만 위할 뿐 아니요 온 세상의 죄를 위하심이라(요일 2:2)
> 사랑은 여기 있으니 우리가 하나님을 사랑한 것이 아니요 오직 하나님이 우리를 사랑하사 우리 죄를 위하여 화목제로 그

아들을 보내셨음이라(요일 4:10)

그리스도께서 너희를 사랑한 것 같이 너희도 사랑 가운데서 행하라 그는 우리를 위하여 자신을 버리사 향기로운 제물과 생축으로 하나님께 드리셨느니라(엡 5:2)

염소와 송아지의 피로 아니하고 오직 자기 피로 영원한 속죄를 이루사 단번에 성소에 들어가셨느니라(히 9:12)

예수님이 십자가에 달려 물과 피를 다 쏟으시고 운명하시는 순간 성소 휘장이 위로부터 아래까지 찢어져 둘이 됐습니다(마 27:51). 이 휘장은 원래 소 다섯 마리의 힘으로도 찢어지지 않을 정도로 견고하고 튼튼하게 직조됐습니다. 구약시대에 휘장을 열고 들어갈 수 있는 사람은 오직 대제사장 한 사람 뿐이었는데, 그것도 일 년에 단한번 속죄일에 세마포 위에 에봇을 덧입고, 가슴에 판결 흉배를 붙이고 열두 보석을 달고 들어갑니다. 여기서 열두 보석은 열두 지파를 의미합니다. 대제사장은 이스라엘을 대신하여 하나님 앞에 나아갑니다.

우리의 대제사장 예수님은 그를 믿는 이들 모두를 품고 아버지 품으로 나아가십니다. 골로새서 3장 2, 3절은 말씀합니다. "위의 것을 생각하고 땅의 것을 생각하지 말라 이는 너희가 죽었고 너희 생명이 그리스도와 함께 하나님 안에 감추어졌음이라 우리 생명이신 그리스도께서 나타나실 그때에 너희도 그와 함께 영광 중에 나타나리라." 예수 그리스도 안에 있는 자는 하나님 가슴에 품어진 자입니다. 주여, 우리 심령이 모두 주님 품 안에 있게 하옵소서!

대제사장이 지성소에 들어갈 때 휘장에 피를 일곱 번 뿌립니다. 피 없이는 하나님을 만날 수 없습니다. 피 없이는 천국에 갈 수 없습니다. 이 사실을 히브리서 10:19-20절이 자세히 증거합니다. "우리가 예수의 피를 힘입어 성소에 들어갈 담력을 얻었나니 그 길은 우리를 위하여 휘장 가운데로 열어놓으신 새롭고 산길이요 휘장은 곧 저의 육체니라." 무슨 길입니까? 새롭고 산길, 십자가의 길입니다. 죄로 인해 끊어진 구원의 길이 예수님의 십자가로 인해 연결됐습니다. 닫혔던 구원의 문이 주님의 십자가로 인해 열렸습니다. 고린도후서 6:2절입니다. "보라 지금은 은혜받을 만한 때요 보라 지금은 구원의 날이로다."

예수님의 십자가는 누구를 위한 십자가입니까? 바로 저와 여러분을 위한 십자가입니다. 이 사실을 믿으십니까?(찬송가 311장 참조)

2. 예수 그리스도의 십자가는 내가 함께 못 박혀 죽은 십자가입니다.

내가 그리스도와 함께 십자가에 못 박혔나니 그런즉 이제는 내가 산 것이 아니요 오직 내 안에 그리스도께서 사신 것이라 이제 내가 육체 가운데서 사는 것은 나를 사랑하사 나를 위하여 자기 몸을 버리신 하나님의 아들을 믿는 믿음 안에서 사도 바울은 십자가를 실상으로 체험했습니다. 그 십자가 체험의 고백이 바로 골로새서 1:24절입니다. "내가 너희를 위하여 받는 괴로움을 기뻐하고 그리스도의 남은 고난을 그의 몸된 교회를 위하여 내 육체에 채우노라."

우리가 십자가를 체험해야 하는 중요한 이유는 다시는 죄에게 종노릇하지 않기 위해서입니다. 우리가 죄에게 종노릇하지 않을 수 있는 것은 주님이 친히 나무에 달려 그 몸으로 우리 죄를 담당하셨기 때문입니다(벧전 2:24). 로마서 6:6-7절은 다음과 같이 선언합니다. "우리가 알거니와 우리 옛사람이 예수와 함께 십자가에 못박힌 것은 죄와 몸이 멸하여 다시는 우리가 죄에게 종노릇하지 아니하려 함이니 이는 죽은 자가 죄에서 벗어나 의롭다하심을 얻었음이니라."

예수 그리스도가 나로 말미암아 그리고 나와 함께 죽으셨음을 믿고 의지해야 합니다. 그리고 우리는 날마다 죽고 예수 그리스도의 생명으로 다시 살아나야 합니다. 사도 바울은 예수 그리스도를 아는 지식이 가장 고상하다고 했습니다. 그리스도를 얻고 그 안에서 발견되려고 모든 것을 잃어버리고 배설물로 여김(빌 3:8-9)을 고백합니다. 또한 바울은 "나는 날마다 죽는다"고 고백합니다.

고린도후서 4:11절은 말씀합니다. "우리 살아 있는 자가 항상 예수를 위하여 죽음에 넘겨짐은 예수의 생명이 또한 우리 죽을 육체에 나타나게 하려 함이라." 예수의 생명, 보혈의 생명이 나타날 때 "우리가 사방으로 우겨쌈을 당하여도 싸이지 아니하며 답답한 일을 당하여도 낙심하지 아니하며 박해를 받아도 버린 바 되지 아니하며 거꾸러뜨림을 당하여도 망하지 아니하고(고후 4:8-9) … 속이는 자 같으나 참되고 무명한 자 같으나 유명한 자요 죽은 자 같으나 우리가 살아 있고 징계를 받는 자 같으나 죽임을 당하지 아니하고 근심하는 자 같으나 항상 기뻐하고 가난한 자 같으나 많은 사람을 부요하게 하고 아무것도 없는 자 같으나 모든 것을 가진 자(고후 6:8-10)"임을 삶 가운데 확증케 됩니다.

3. 예수 그리스도의 십자가는 우리가 지고 가는 십자가입니다.

로마 시대는 죄인이 자기 십자가를 형장까지 직접 지고 갔습니다. 주님은 "자기 십자가를 지고 나를 따르지 않는 자도 내게 합당치 아니하니라"(마 10:38)고 가르치셨고, "누구든지 자기 십자가를 지고 나를 따르지 않는 자도 능히 나의 제자가 되지 못하리라"(눅 14:27)고 말씀하셨습니다. '십자가를 지라'고 우리에게 분명히 명하셨습니다.

코르시카 사틴 마을에서는 해마다 고난일이 되면 십자가 행진을 합니다. 이 행사는 중세부터 이 마을에서 계속되어온 전통입니다. 월간지 「뉴스위크」의 취재 보도에 따르면, 십자가를 진 사람은 얼굴에 붉은 마스크를 쓰고 14kg의 쇠사슬을 끌면서 2.4km를 맨발로 행진합니다. 하지만 행진할 거리의 절반도 못 가서 십자가를 진 사람의 발에 피가 흐르기 시작했고 세 번이나 쓰러졌습니다. 그 고생은 이루 형언할 수가 없고 십자가를 진 사람은 말 그대로 땀과 피를 쏟으며 이 어려운 역할을 감당해야 한다고 합니다. 그런데도 이 십자가를 지겠다는 자원자가 이미 40년분이나 등록돼 있다고 합니다. 이들은 가장 좋은 참회 방법이 예수님 대신 십자가를 지는 이 행사에 참여하는 것이라고 믿고 있기 때문입니다.

그러나 우리는 코르시카에 가지 않아도 얼마든지 십자가를 질 수 있습니다. 사랑과 섬김의 봉사, 헌신적인 삶, 하나님의 의를 이루는 삶을 산다면, 고통을 감당하면서도 손해를 보면서도 주님 따라 간다면, 내가 산 제물이 되고 믿음의 제물이 된다면, 구레네 시몬처럼 예수님의 십자가를 대신 지는 것이요 주님이 분부하신 자기 십자가를 감당하는 것이며 그리스도의 남은 고난을 그의 몸된 교회를 위해 내육체에 채우는 것입니다.

여러분, "누구든지 나를 따라 오려거든 자기를 부인하고 자기 십자가를 지고 나를 따를 것이니라"는 예수님의 분부는 무슨 뜻일까요? 저는 이 말씀이 예수 그리스도의 십자가 정신으로 살아가야 한다는 말씀이라고 생각합니다. 다 같이 고백하겠습니다. "예수 그리스도의 십자가 정신으로 삽시다," "예수 그리스도의 십자가 정신으로 삽시다."

그런데 여기서 '십자가 정신'이란 무엇을 가리킵니까? 이하에서 십자가 정신이 갖고 있는 몇 가지 측면을 살펴보겠습니다.

십자가의 정신은 사랑입니다. 십자가는 사랑의 확증입니다. 인류 역사 속에 십자가가 없다면 사망과 저주만이 남게 되듯, 사랑이 없으면 삭막하고 어두운 세상이 되고 말 것입니다. 그래서 고린도전서 13:1-3절은 "내가 사람의 방언과 천사의 말을 할지라도 사랑이 없으면 소리 나는 구리와 울리는 꽹과리가 되고 내가 예언하는 능력이 있어 모든 비밀과 모든 지식을 알고 또 산을 옮길 만한 모든 믿음이 있을지라도 사랑이 없으면 내가 아무것도 아니요 내가 내게 있는 모든 것으로 구제하고 또 내 몸을 불사르게 내줄지라도 사랑이 없으면 내게 아무 유익이 없느니라"고 말씀합니다. 예수님은 말씀하셨습니다. "네 마음을 다하고 목숨을 다하고 뜻을 다하여 주 너의 하나님을 사랑하라 하셨으니 이것이 크고 첫째 되는 계명이요 둘째는 그와 같으니 네 이웃을 네 몸과 같이 사랑하라 하셨으니 이 두 계명이 온 율법과 선지자의 강령이니라"(마22:37-40). 이 두 계명을 합치면 무엇이 됩니까? 바로 십자가(십자가의 종축과 횡축), 즉 하나님과 이웃에 대한 사랑입니다.

마틴 루터 킹 목사의 설교의 한 대목을 여러분께 들려드리겠습니다. "우리를 투옥해도 그대를 사랑하리라. 우리 집에 폭탄을 던지고 우리 아이들을 위협해도 그대를 사랑하리라. 한 밤중에 우리 마을을 습격하여 우리를 때리고 반쯤 죽여 놓아도 그대를 사랑하리라. 그러나 우리의 대장은 예수시요, 우리의 깃발은 하나님이시니, 결국 어느 날엔가 사랑이 승리할 것이라. 우리의 승리는 우리 흑인만의 승리가 아니라 전 세계에서 차별받고 사는 모든 민중의 승리이므로 우리는 이중의 승리를 거두리라."

아울러, 십자가의 정신은 공의입니다. 피 흘림이 없으면 죄 사함이 없습니다. 레위기 17:11절입니다. "육체의 생명은 피에 있음이라 내가 이 피를 너희에게 주어 단에 뿌려 너희의 생명을 위하여 속하게 하였나니 생명이 피에 있으므로 피가 죄를 속하느니라." 히브리서 9:22절입니다. "율법을 좇아 거의 모든 물건이 피로써 정결케 되나니 피흘림이 없은즉 사함이 없느니라." 예수님은 십자가를 지심으로, 피를 흘리심으로, 하나님의 공의를 몸소 담당하시어 하나님의 공의를 만족시키셨고 하나님의 진노를 담당하셨습니다. 십자가는 죄에 대한 하나님의 심판이요, 하나님의 공의가 성취됐다는 증거입니다. 그러므로 모든 성도에게는 십자가 정신으로 죄와 불의와 부정에 맞서 의로운 싸움을 싸우며, 이 땅 위에 하나님의 공의를 실현할 의무가 있습니다.

나아가, 십자가의 정신은 평화(평안, 화평)입니다. 예수님이 십자가를 지심으로 인간과 인간 사이에 평화가 이루어졌습니다. "이제는 전에 멀리 있던 너희가 그리스도 예수 안에서 그리스도의 피로 가까워졌느니라 그는 우리의 화평이신지라 둘로 하나를 만드사 중간에 막힌 담을 허시고…이 둘로 자기의 안에서 새사람을 지어 화평하게 하시고 또 십자가로 이 둘을 한 몸으로 하나님과 화목하게 하려 하심이라"(엡 2:13-16). 십자가는 화평이요 화목입니다. "그의 십자가의 피로 화평을 이루사 만물 곧 땅에 있는 것들이나, 하늘에 있는 것들을 그로 말미암아 자기와 화목케 되기를 기뻐하심이라"(골 1:20). 하나님은 우리를 화목의 사신으로 임명하셨습니다. "모든 것이 하나님께로 났나니 저가 그리스도로 말미암아 우리를 자기와 화목하게 하시고 또 우리에게 화목하게 하는 직책을 주셨으니"(고후 5:18). 마태복음 5:9절에서 주님은 다음과 같이 말씀하셨습니다. "화평케하는 자는 복이 있나니 저희가 하나님의 아들이라 일컬음을 받을 것임이요." 십자가 앞에서는 원수가 없습니다. 십자가 앞에서는 다툼도 원망도 불평도 없습니다. 근심, 걱정도 없습니다. 두려움도 없습니다. 십자가 앞에서는 '아니오'란 말이 없으며 오직 '예'만 있을 뿐입니다. 오직 예수만 있을 뿐입니다.

사랑하는 여러분께 묻습니다. 십자가 정신은 무엇입니까? 사랑, 공의, 평화입니다. 세 가지는 구분된 개체들이 아니라 서로 유기적으로, 불가분의 관계로 맞물려 있는 십자가 정신의 주요 측면들입니다. 십자가의 위대한 정신이 여러분을 통해 열매 맺기를 바랍니다. 십자가 고난 받으시고 부활로 승리하신 우리 주 예수 그리스도의 이름으로 축원합니다.

4. 예수님은 십자가에서 왕좌에 오르셨습니다.

예수님의 삶은 십자가 위에서 왕이 되신 삶입니다. 예수님이 십자가에 달려 가장 먼저 하신 말씀(가상 7언 중 제1언)은 무엇입니까?

"아버지여 저희를 사하여 주옵소서 자기의 하는 일을 알지 못함이니이다"(눅23:34)입니다. 십자가의 왕좌에 오르신 예수님이 왕중 왕으로서 인류의 죄를 사하는 칙령을 선포하신 것입니다.

예수님의 십자가에 빌라도가 쓴 명패를 기억하십니까? "나사렛 예수 유대인의 왕."그런데 어떤 언어로 썼는지 아십니까? 유대인의 히브리어(아람어), 로마의 말인 라틴어 그리고 당시 로마제국에서 널리 통용되던 언어인 헬라어로 기록했습니다. "빌라도가 패를 써서 십자가 위에 붙이니 나사렛 예수 유대인의 왕이라 기록되었더라 예수의 못박히신 곳이 성에 가까운 고로 많은 유대인들이 이 패를 읽는데 히브리와 로마와 헬라말로 기록되었더라 유대인의 대제사장들이 빌라도에게 이르되 유대인의 왕이라 말고 자칭 유대인의 왕이라 쓰라하니 빌라도가 대답하되 나의 쓸 것을 썼다하니라"(요 19:19-22).

당시 히브리어(아람어)는 예수님과 제자들 그리고 팔레스타인에 살던 당시 유대인들이 일상에서 주로 사용하는 언어였습니다. 한편, 라틴어는 정치와 군사적으로 지중해연안을 지배하던 로마인의 언어였고, 헬라어는 문화, 언어적으로 그 지역을 지배하던 헬라(그리스)인들의 언어였습니다. 세 문화권의 언어, 즉 히브리어(아람어), 라틴어, 헬라어로 패를 썼다는 것은, 예수 그리스도가 만왕의 왕, 왕중왕이라는 함의를 내포합니다. 아이러니하게도, 예수 그리스도를 십자가에 못 박은 로마 총독 빌라도가 예수님이 인류의 왕이요 왕 중의 왕이심을 '고백'한 것입니다.

유대인들이 믿고 있는 것과 달리 십자가는 단지 저주의 상징이 아닙니다. 십자가는 통치의 보좌요, 십자가는 하늘의 왕궁입니다. 죽기까지 복종하셔서 십자가에 달리셨던 예수 그리스도, 바로 그 앞에 하늘에 있는 자들과 땅에 있는 자들과 땅 아래 있는 자들이 무릎을 꿇고 경배합니다. 왜 경배할까요? 바로 십자가에 달리신 예수님이 만왕의 왕이기 때문입니다. 이 사실을 빌립보서 2:6-11절이 증거합니다.

> 그는 근본 하나님의 본체시나 하나님과 동등 됨을 취할 것으로 여기지 아니하시고 오히려 자기를 비워 종의 형체를 가져 사람들과 같이 되었고 사람의 모양으로 나타나셨으매 자기를 낮추시고 죽기까지 복종하셨으니 곧 십자가에 죽으심이라 이러므로 하나님이 그를 지극히 높여 모든 이름 위에 뛰어난 이름을 주사 하늘에 있는 자들과 땅에 있는 자들과 땅 아래 있는 자들로 모든 무릎을 예수의 이름에 꿇게 하시고 모든 입으로 예수 그리스도를 주라 시인하여 하나님 아버지께 영광을 돌리게 하셨느니라

그럼 우리는 어떻게 살아야 할까?

그럼 십자가에 비추어 어떻게 우리 삶을 살아야 합니까? 우리는

이제 옛사람을 십자가에 못 박고, 예수님의 십자가를 항상 의지하며, 자기 십자가를 지고 주를 따르며, 그리스도의 십자가 복음을 전파해야 합니다. 이 각각에 대해 이하에서 간략하게 살펴보겠습니다.

1. 옛사람을 십자가에 못 박아야 합니다. 그래야 죄에게 종노릇하지 않습니다. 더 정확히 말하면, 옛사람이 십자가에 못 박혔음을 확증하는 삶을 실존적으로 살아야 합니다. 이하의 두 구절이 이에 대해 잘 말씀해 줍니다.

> 우리가 알거니와 우리 옛사람이 예수와 함께 십자가에 못 박히신 것은 죄의 몸이 멸하여 다시는 우리가 죄에게 종노릇하지 아니하려 함이니 이는 죽은 자가 죄에서 벗어나 의롭다하심을 얻었음이니라(롬 6:6-7)
> 그리스도 예수의 사람들은 육체와 함께 그 정과 욕심을 십자가에 못 박았느니라(갈 5:24)

2. 십자가를 항상 의지해야 합니다. 예수님이 친히 말씀하셨습니다. "내 살을 먹고 내 피를 마시는 자는 영생을 가졌고 마지막 날에 내가 그를 다시 살리니 내 살은 참된 양식이요 내 피는 참된 음료로다 내 살을 먹고 내 피를 마시는 자는 내 안에 거하고 나는 그 안에 거하나니 살아계신 아버지께서 나를 보내시며 내가 아버지로 인하

여 사는 것 같이 나를 먹는 그 사람도 나로 인하여 살리라"(요6:54-57).
여기서 '살과 피'는 십자가를 의미하며, '먹고 마신다'는 말은 믿는
것을 말합니다. 그런데 먹고 마신다는 동사가 현재형입니다. 헬라어
의 현재형은 지속적인 행동을 나타냅니다. 따라서 이 구절에서 말하
는 믿음은 우리의 삶에서 날마다 지속적으로 십자가에 달리신 예수
님을 의지한다는 뜻에서의 믿음입니다. 다시 말하면 날마다 순간마
다 주님의 십자가 공로를 의지하며 살 때, 주님과의 친밀한 교제의
삶을 살 수 있습니다.

3. 자기 십자가를 져야 합니다. 이에 대해서는 앞서 말씀을 이미
나누었습니다. 여기서는 간단하게만 복습하겠습니다. "또 무리에게
이르시되 아무든지 나를 따라 오려거든 자기를 부인하고 날마다 제
십자가를 지고 나를 따를 것이니라"(눅 9:23). 십자가를 지지 않는 자
는 주님의 제자가 아닙니다. "누구든지 자기 십자가를 지고 나를 따
르지 않는 자도 능히 내 제자가 되지 못하리라"(눅 14:27). 십자가는
구레네 시몬처럼 억지로 져도 축복입니다.

4. 십자가를 자랑하고 전해야 합니다. 세상 모든 사람들이 듣고
그 사랑을 알도록 전하고 기도하고 매일 증인이 되어야 합니다. "우
리는 십자가에 못박힌 그리스도를 전하니 유대인에게는 꺼리는 것
이요 이방인에게는 미련한 것이로되 오직 부르심을 입은 자들에게

는 유대인이나 헬라인이나 그리스도는 하나님의 능력이요 하나님의 지혜니라"(고전 1:23-24).

● ● ● ●

유치원에 입학하여 더하기와 빼기를 배운 아이가 엄마와 같이 교회에 왔습니다. 사람들이 모두 눈을 감고 기도하는 틈을 타서 강단 위를 정면으로 바라본 아이의 눈이 커졌습니다. 십자가를 발견하고는 엄마의 옆구리를 쿡쿡 찌릅니다. "엄마! 엄마! 저 앞에 큰 더하기 표가 있어요." 엄마가 아이의 손을 잡으며 말했습니다. "저건 십자가란다. 네 말대로 십자가는 영원한 더하기 표란다. 우리를 용서해주고 사랑을 더해주시고 축복을 더해주시는 더하기 표(+)란다. 십자가는 우리 삶의 터전이야."

사랑하는 여러분, 예수님의 십자가는 나를 위한 십자가요, 나와 함께 죽은 십자가요, 내가 날마다 지고 가는 십자가요, 내가 날마다 자랑하고 전하는 십자가입니다. 십자가의 정신은 사랑, 공의, 평화입니다. 예수님은 십자가로 완벽하고 영원한 승리를 이루셨습니다. 예수님은 십자가 위에서 만왕의 왕으로 등극하셨습니다. "정사와 권세를 벗어버려 밝히 드러내시고 십자가로 승리하셨느니라!"(골 2:15) 그러므로 사랑하는 여러분, 이왕에 예수 믿으려면, 십자가를 제대로 든든히 지고 가야지, 약삭빠르게 눈속임 하듯 지려고 하지 마십시오. 예수님의 십자가 현장에 제자는 한 명도 없었습니다. 사실 십자가는 열두 제자가 번갈아 지고 갔어야 합니다. 구레네 시몬만이 강제 징발 당해 예수님을 도와드렸습니다. 사랑하는 여러분, 약삭빠른 제자가 되지 말고, 충성되게 십자가 지는 제자가 되십시오.

> "최후 승리를 얻기까지 주의 십자가 사랑하리
> 빛난 면류관 받기까지 험한 십자가 붙들겠네!"
>
> (찬송가 150장 후렴) 아멘!

제2부

제자의 삶

제8장

제자입니까?

무릇 내게 오는 자가 자기 부모와 처자와 형제와 자매와
더욱이 자기 목숨까지 미워하지 아니하면 능히 내 제자가 되지 못하고
누구든지 자기 십자가를 지고 나를 따르지 않는 자도
능히 내 제자가 되지 못하리라 너희 중의 누가 망대를 세우고자 할진대
자기의 가진 것이 준공하기까지에 족할는지 먼저 앉아
그 비용을 예산하지 아니하겠느냐 그렇게 아니하여 그 기초만 쌓고
능히 이루지 못하면 보는 자가 다 비웃어 이르되 이 사람이 역사를 시작하고
능히 이루지 못하였다 하리라 또 어느 임금이 다른 임금과 싸우러 갈 때에
먼저 앉아 일만 명으로써 저 이만 명을 거느리고 오는 자를
대적할 수 있을까 헤아리지 아니하겠느냐 만일 못할 터이면
그가 아직 멀리 있을 때에 사신을 보내어 화친을 청할지니라
이와 같이 너희 중의 누구든지 자기의 모든 소유를 버리지 아니하면
능히 내 제자가 되지 못하리라 소금이 좋은 것이나 소금도 만일
그 맛을 잃었으면 무엇으로 짜게 하리요 땅에도, 거름에도 쓸 데 없어
내버리느니라 들을 귀가 있는 자는 들을지어다 하시니라(눅 14:26-35)

기독교의 3대 고전으로 꼽히는 책이 존 번연의 「천로역정」, 토마스
아 켐피스의 「그리스도를 본받아」, 그리고 어거스틴의 「고백록」입니
다. 이 중 「천로역정」의 저자는 영국의 청교도 목사였던 존 번연입

니다(1628-1688). 당시 영국의 국교인 성공회는 개신교를 탄압했는데, 개신교인이었던 존 번연은 허락 없이 복음을 전했다는 이유로 12년 간 투옥됐습니다. 그런데 감옥에서의 그의 생활이 참으로 경건하여 간수들에게 많은 감동을 주었습니다. 그러던 어느 날 간수장이 그에게 와서 시간을 드릴 테니 잠시 나가서 사모님과 아이들을 보고 다시 돌아오라고 하였습니다. 번연 목사님은 감옥에서 나와 집으로 가는 도중에 아무리 생각해도 마음이 내키지 않아 감옥으로 되돌아갔습니다. 그는 간수장에게 "당신은 허락했지만, 주님이 허락하지 않아 돌아 왔습니다"라고 말했습니다. 그런데 번연 목사님이 돌아오자마자 왕의 사신이 감옥을 살피러 왔습니다. 사실은 번연 목사님을 살피러 온 것이지요. 이 때 가장 놀란 사람은 바로 간수장이었습니다. 왕의 사신이 돌아간 다음, 간수장이 번연 목사님께 말했습니다. "목사님, 이젠 제가 목사님께 다녀오시라 마라 하지 않겠습니다. 주님께서 허락하시면 언제든지 다녀오십시오." 여러분은 오늘 이 자리에 주님께서 허락하셔서 오셨음을 믿습니까? 주님께서 허락하셔서 이 자리에 오신 여러분께 주님이 은혜 주시고 역사하실 줄 믿습니다.

오늘의 본문인 누가복음 14:26-35절 말씀은 예수님이 그를 따르는 무리에게 제자도에 관해 주신 교훈입니다. 26절과 27절은 제자의 조건을 이야기합니다. 제자의 삶을 말씀하시며 자신의 이익을 위해 주님을 따르려는 것인지 주님의 뜻을 따르려는 것인지를 분명히 하라, 그러니까 목적을 분명히 하라고 말씀하십니다. 28-30절은 망대를 세우는 자의 비유입니다. 31, 32절은 출전하는 임금의 비유, 33-35절은 맛 잃은 소금의 비유입니다.

언뜻 보면 서로 다른 내용 같으나 이 비유들은 서로 독립적인 것이 아니라 상호보완적입니다. 이 비유들 모두 제자의 삶, 즉 제자도에 대해 강조합니다. 망대(건물)를 세우는 자의 비유는 제자로서 살아갈 길이 안락한 신분이나 물질이 보장된 평탄한 도로가 아님을 분명하게 교훈합니다. 출전하는 임금의 비유는 사전에 아무런 각오나 준비 없이 싸움에 임할 수 없는 것처럼 제자로서 영적 전쟁에 참가하는 자는 먼저 자신을 철저하게 무장해야 함을 가르칩니다. 그리고 맛 잃은 소금의 비유는 짠 맛을 잃어버린 소금이 가치가 없는 것처럼 그리스도의 사랑과 희생을 나타내지 못하는 제자는 사람들의 멸시와 조롱거리가 된다는 사실을 경고합니다. 또한 이 구절에서 주님은 소유에 대한 집착이 제자들에게 가장 큰 걸림돌임을 교훈 하십니다. 33절입니다. "자기의 모든 소유를 버리지 아니하면 능히 내 제자가 되지 못하리라."

그렇다면 이 명령들은 예수님이 누구에게 하신 명령일까요? 예수님을 따라오는 무리에게 하신 명령입니다. 누구에게 하셨다고요? 이 말씀을 하실 당시 예수님을 따라오던 무리, 나아가 오늘 예수님을 따르는 무리인 우리에게 하신 명령입니다. 여러분은 여러분의 십자가를 지고 주님을 따를 만큼 예수님을 사랑하십니까? 여러분은 예수님의 제자십니까? 바로 이 질문이 오늘 말씀의 제목입니다. 여러분의 옆에 계신 분들께 "예수님의 제자십니까?"라고 여쭤봅시다. 이 질문을 염두에 두고 오늘 함께 '제자'의 개념과 제자의 삶, 즉 '제자도'를 살펴겠습니다.

'제자'란 누구인가?

> 또 산에 오르사 자기의 원하는 자들을 부르시니 나아온지라 이에 열둘을 세우셨으니 이는 자기와 함께 있게 하시고 또 보내사 전도도 하며 귀신을 내쫓는 권세도 있게 하려 하심이러라(막 3:13-15)

먼저, '제자'라는 단어의 개념입니다. 이 '제자'라는 단어는 신약성경에만 260번이나 나옵니다. 이렇게 빈번하게 사용되는 단어의 의미를 제대로 파악하는 것이 매우 중요하겠습니다. 이하에서 '제자'란 누구인지 네 가지로 간략하게 살펴보겠습니다.

제자는 배우는 사람입니다. 마태복음 11: 29절에서 주님이 말씀하셨습니다. "나는 마음이 온유하고 겸손하니 나의 멍에를 메고 내게 배우라 그러면 너희 마음이 쉼을 얻으리니." 예수님의 삶을 열심히 배우는 사람들이 있습니다. 배움은 늘 시간과 땀과 노력과 정성을 요구합니다. 특별히 예수님을 배우고 그의 삶과 교훈을 배우는데 기꺼이 자신의 생을 헌신하는 사람들을 '제자'라 합니다.

제자는 훈련하는 사람입니다. 고린도전서 9:25-27절에 기록된 사도 바울의 고백을 함께 읽겠습니다. "이기기를 다투는 자마다 모든 일에 절제하나니 저희는 썩을 면류관을 얻고자 하되 우리는 썩지 아니할 것을 얻고자 하노라 그러므로 내가 달음질하기를 향방 없는 것 같이 아니하고 싸우기를 허공을 치는 것 같이 아니하여 내가 내 몸을 쳐 복종하게 함은 내가 남에게 전파한 후에 자기가 도리어 버림이 될까 두려워함이로다." 사도 바울의 이 같은 고백은 지속되어야 할 강한 훈련을 강조합니다. 강한 훈련에 항상 기쁨으로 임할 준비가 되어 있고 또 그렇게 훈련에 임하는 사람들을 '제자'라 합니다.

제자는 따르는 사람입니다. 마태복음 4:19절에서 예수님은 "나를 따라오너라 내가 너희로 사람을 낚는 어부가 되게 하리라"고 말씀하셨습니다. '네가 원하는 대로 보상해주겠다'고 약속하지 않으셨습니다. 단지 "나를 따르라"고 명하셨습니다. 형통한 길만 따라가는 것이 아니라 고난의 길임에도 불구하고 주님 명령에 순종해서 "죽으면 죽으리라"는 정신으로 후회 없이 성실하게 따르는 사람들을 '제자'라고 합니다. 주님의 명이요, 하나님의 뜻이라면 어떤 희생도 감수하고 어떤 대가도 지불하겠다는 순교적 정신을 가진 이들을 '제자'라고 합니다.

제자는 주님이 친히 택한 자입니다. 이것이 세상적인 제자와 영적인 제자의 결정적 차이입니다. 영적인 제자의 특징은 바로 주님이 친히 선택하신 사람이라는 것입니다. 내가 스스로 선택하는 것이 아닙니다. 주님이 선택하십니다. 그러므로 주님의 제자가 되었다는 것은 주님께 선택 받은 사람이라는 뜻이며 그 영광스러움에 제자들은 자부심을 가져야 합니다.

하나님의 은사와 부르심에는 후회하심이 없느니라(롬 11:29)
내가 너를 지명하여 불렀나니 너는 내 것이라(사 43:1)
예수 그리스도의 것으로 부르심을 입은 자니라(롬 1:6)
너희가 나를 택한 것이 아니요 내가 너희를 택하여 세웠나니 이는 너희로 가서 과실을 맺게 하고 또 너희 과실이 항상 있게 하여 내 이름으로 아버지께 무엇을 구하든지 다 받게 하려 함이니라(요 15:16)

이처럼 '제자'란 배우는 사람, 훈련하는 사람, 따라가는 사람, 그리고 주님이 택한 사람입니다.

제자도

지금까지 과연 '제자'란 누구인지를 같이 살펴봤습니다. 그렇다면 제자의 삶(즉 제자도)이란 과연 무엇을 의미할까요? 이하에서 그에 대해 살피겠습니다.

1. 제자의 삶(제자도)은 주님을 따르는 삶입니다.

본문 말씀인 누가복음 14:27절은 이렇게 기록합니다. "누구든지 자기 십자가를 지고 나를 따르지 않는 자도 능히 내 제자가 되지 못하리라." 주님을 따르기 위해서는 먼저 자기를 부인해야 합니다. 자기, 자아를 부정하고 하나님을 신뢰해야 합니다. 순전한 신뢰가 있어야 합니다. 육신의 생각을 거절하고 영의 생각을 품어야 합니다(롬 8:6, 13). 누가복음 9:23절은 기록합니다. "아무든지 나를 따라 오려거든 자기를 부인하고 날마다 제 십자가를 지고 나를 따를 것이니라."

주님을 따르는 여정에서 자기 십자가를 져야 합니다. 희생과 섬김, 봉사의 삶을 살아야 하고, 제자 됨의 대가를 기꺼이 지불하며 손해를 감수해야 합니다. 자기 십자가를 진다는 것은 그리스도를 좇아 희생과 섬김과 봉사의 삶을 사는 것입니다. 십자가를 지는 것이 제자도의 본질이요 핵심이요 알맹이입니다.

마가복음 10:45절과 마태복음 20:28절에서 예수님은 성육신의 목적을 밝히셨습니다. 하나님의 아들의 성육신의 목적은 대속의 십자가를 지는 것입니다. 하나님의 아들은 십자가에서 피 흘리시기 위해 성육신하셨습니다. 십자가는 결코 장식품이 아닙니다. 십자가가 우리 심령에 세워져야 합니다. 우리 마음 판에 새겨져야 합니다. 십자가(고난) 없이는 부활(영광)이 없습니다. 예배드리는 것은 자기 십자가를 지는 것, 자아가 죽는 것입니다. 그것이 우리의 산제사입니다(롬 12:1).

2. 제자의 삶(제자도)은 말씀이신 예수 그리스도 안에 거하는 삶입니다.

요한복음 8:31-32절은 이렇게 말씀합니다. "그러므로 예수께서 자기를 믿는 유대인들에게 이르시되 너희가 내 말에 거하면 참 내 제자가 되고 진리를 알지니 진리가 너희를 자유케 하리라." 예수 그리스도 안에 거해야 합니다(요 1:14; 골 2:6-7). 그리스도 안에는 정죄함이 없습니다(롬 8:1-2). 예수님의 말씀을 마음에 새기고 산다는 것은 이를 지켜 행한다는 의미입니다. 말씀의 육화가 일어나야 합니다. "그의 계명들을 지키는 자는 주안에 거하고 주는 저 안에 거하시나니"(요일 3:24).

하나님은 말씀으로 천지를 창조하셨습니다. "태초에 말씀이 계시니라 이 말씀이 하나님과 함께 계셨으니 이 말씀은 곧 하나님이시니라 그가 태초에 하나님과 함께 계셨고 만물이 그로 말미암아 지은 바 되었으니 지은 것이 하나도 그가 없이는 된 것이 없느니라"(요 1:1-3[창 1:1-3 참조]).

말씀은 영이요 생명이며(요 6:63), 영의 양식입니다(마 4:4). 인도자(시 119:105)이며, 능력입니다(히 4:12-13). 또한 영적 무기이자(성령은 성경의 도구인 말씀으로 역사. 엡6:17), 기준(신 6:8-9)입니다. 말씀은 우리를 깨끗케 하고(요 15:3), 영혼을 소성케 하며(시 19:7), 거듭나게 하고(벧전 1:23), 고치고 살립니다(잠 4:4).

인자와 진리로 네게서 떠나지 않게 하고 그것을 네 목에 매

며 네 마음판에 새기라 그리하면 네가 하나님과 사람 앞에서 은총과 귀중히 여김을 받으리라(잠 3:3-4)

내 말을 네 마음에 두라 내 명령을 지키라 그리하면 살리라 (잠 4:4)

내가 주께 범죄치 아니하려 하여 주의 말씀을 내 마음에 두었나이다(시 119:11)

갓난 아이들 같이 신령하고 순전한 젖을 사모하라 이는 이로 말미암아 너희로 구원에 이르도록 자라게 하려 함이라(벧전 2:2)

그런데 주의 말씀을 거역하면 어떤 결과가 나타날까요? 시편 107:10-11절입니다. "사람이 흑암과 사망의 그늘에 앉으며 곤고와 쇠사슬에 매임은 하나님의 말씀을 거역하며 지존자의 뜻을 멸시함이라." 잠언 13:13절 역시 같은 선언을 합니다. "말씀을 멸시하는 자는 패망을 이루고 계명을 두려워하는 자는 상을 얻느니라." 우리는 베드로전서 2:2절에서 명하는 대로 말씀을 "갓난 아이처럼 사모"해야 합니다(신 6:8-9참조).

3. 제자의 삶(제자도)은 주님의 사랑을 실천하는 삶입니다.

구약의 모세 율법은 모두 613조항입니다. 이를 열 가지로 정리한 것이 십계명이고, 주님께서 이를 한 마디로 요약하신 것이 바로 사랑의 계명입니다. "새 계명을 너희에게 주노니 서로 사랑하라… 너희가 내 제자인 줄 알리라"(요 13:34-35, 막 12:28-34 참조]).

지금은 그저 사랑을 외칠 시대가 아니라 사랑을 실천할 시대입니다. 구체적이고 희생적인 실천을 통해서 주변에 있는 분들의 마음을 감동시킬 때입니다. 지극히 작은 일에서부터 사랑을 실천할 때 이 세상에서 변화가 일어납니다. 그래서 요한일서 3:18절은 말합니다. "자녀들아 우리가 말과 혀로만 사랑하지 말고 오직 행함과 진실함으로 하자." 하나님을 사랑하고 이웃을 사랑하고 또 자신을 예수 그리스도의 사랑으로 사랑하시기 바랍니다. 이것이 바로 십자가입니다. 전심전력을 다해 사랑할 때, 우리 심령에 주님의 몸된 십자가가 세워집니다. 믿음은 살아있는 모든 것에 대한 사랑을 뜻합니다.

그러므로 사랑의 '배지'를 달지 않은 그리스도인은 가짜입니다. 사랑은 온전하게 매는 띠입니다. 시몬 베드로는 믿음을 주춧돌로 삼고, 사랑을 머릿돌로 삼는다고 말하고, 또 믿음으로 씨 뿌리고, 사랑으로 열매를 거둔다고 말합니다. 이것이 바로 신(하나님)의 성품에 참여하는 길이요, 주님을 닮는 길입니다(벧후 1:5-7).

성령의 열매는 사랑입니다. 그래서 고린도전서 13:1-3절은 말씀합니다. "내가 사람의 방언과 천사의 말을 할찌라도 사랑이 없으면 소리나는 구리와 울리는 꽹과리가 되고 내가 예언하는 능이 있어 모든 비밀과 모든 지식을 알고 또 산을 옮길만한 모든 믿음이 있을찌라도 사랑이 없으면 내가 아무것도 아니요 내가 내게 있는 모든 것으로 구제하고 또 내 몸을 불사르게 내어 줄찌라도 사랑이 없으면 내게 아무 유익이 없느니라." 이 귀한 말씀은 사랑의 필수성을 가르쳐주는 영적 필수품이라 할 수 있습니다. 우리는 특히 고린도전서 13:4-7절에서 사랑의 특성을 잘 볼 수 있습니다. 그런 사랑의 실천자들이 되시기를 기원합니다.

그렇다면 사랑하는 자는 어떤 결과를 맞이하게 될까요?

첫째, 임마누엘의 축복을 누리게 됩니다(요 14:21). 둘째, 하나님을 사랑하고 하나님의 계명을 지키는 자에게는 천 대까지 은혜를 베푸십니다(출 20:6). 셋째, 하나님께서 만나 주십니다(잠 8:17 "나를 사랑하는 자들이 나의 사랑을 입으며 나를 간절히 찾는 자가 나를 만날 것이니라"). 넷째, 죽음에서 건져주십니다(시 91:14 저가 나를 사랑한즉 내가 저를 건지리라). 다섯째, 자기를 사랑하는 자에게 약속하신 생명의 면류관을 얻게 됩니다(약 1:12). 여섯째, 합력하여 선을 이루게 됩니다(롬 8:28). 일곱째, 하나님의 공급하심을 경험합니다(잠 8:21 "나를 사랑하는 자로 재물을 얻어서 그 곳간에 채우려 함이니라"). 여덟째, 주님의 은혜의 임재를 경험합니다(엡 6:24 "주 예수 그리스도를 변함없이 사랑하는 모든 자에게 은혜가 있을지어다"). 아홉째, 하나님나라를 유업으로 받습니다(약 2:5 "자기를 사랑하는 자들에게 약속하신 나라를 유업으로 받게 아니 하셨느냐?").

4. 제자의 삶은 열매 맺는 삶입니다

요한복음 15:8절은 기록합니다. "너희가 과실을 많이 맺으면 내 아버지께서 영광을 받으실 것이요 너희가 내 제자가 되리라." 그러므로 우리의 삶은 열매로 증거 되어야 합니다. 마태복음 7:20절은 다음과 같이 말씀합니다. "그의 열매로 그들을 알리라." 주님께서는 우리에게 '열매를 맺으라' 말씀하십니다.

나무에는 잎과 열매가 꼭 필요합니다. 잎은 나무에게 꼭 필요합니다. 태양광선을 받아 탄소 동화작용을 일으켜 나무를 살게 합니다. 때문에 나무의 자체적 생존을 위해 잎이 꼭 필요합니다. 한편, 나무의 열매는 그 나무 자체가 아니라 다른 존재를 위해 필요한 것입니다. 잎만 무성하고 열매 없는 나무는 자기 자신만을 위해 존재하는 것이고, 잎도 있고 열매도 있는 나무는 남을 위해서 섬기는 것이라 할 수 있습니다. 하나님이 우리에게 요구하시는 것은 잎이 아니고 열매입니다. 성도가 가진 믿음의 동기나 목적이 이기적이어서는 안 된다는 뜻입니다. 그리스도인(주님의 제자)은 언제나 이타적인 것에 동기와 목적을 두어야 합니다. 주님이 잎이 무성하나 열매 없는 무화과나무를 저주하셨음을 잊지 말아야 합니다(마 21:19).

마태복음 7:19절은 말씀합니다. "아름다운 열매를 맺지 아니하는 나무마다 찍혀 불에 던지우느니라." 제자는 참 빛이신 예수님을 드러내는 삶을 살아야 합니다. 마태복음 5:16절입니다. "이같이 너희 빛을 사람 앞에 비취게 하여 저희로 너희 착한 행실을 보고 하늘에 계신 너희 아버지께 영광을 돌리게 하라." 사명과 사역을 감당하는 삶을 살아야 합니다(요 15:8). 우리는 특별히 다음 네 가지 열매를 맺는 인생을 살아야 합니다.

먼저 회개의 열매를 맺어야 합니다. 마태복음 3:7-10절에서 세례 요한이 회개에 합당한 열매를 맺으라며 종교 지도자들을 책망합니다. 무슨 열매를 맺어야 합니까? 회개의 열매를 맺어야 합니다. 회개란 하나님께로 생각과 삶이 방향 전환을 하는 겁니다. '지금까지 내 멋대로 사는 길이 좋은 길이고 복된 길인 줄 알았는데 이것이 잘못된 길이구나, 이것이 불의한 길이구나, 망하는 길이구나'라고 깨달아서 가던 길을 멈추고 하나님께로 방향을 돌이키는 것이 바로 회개입니다. 회개 없이는 하나님을 만날 수도 없고, 죄 문제를 해결할 수도 없습니다. 죄 문제의 해결 없이는 아무것도 이룰 수 없습니다.

이사야 선지자는 회개를 촉구하며 심판을 경고합니다(사 1:18-20). 마틴 루터가 말한 대로, 천국의 현판에는 "오직 회개한 자들만 입장 허가"라고 적혀 있습니다. 하나님은 회개하는 자에게 회복을 약속하셨습니다. 역대하 7:14절은 주의 백성이 회개하면 하나님이 그 죄를 사하고 그 땅을 고치신다고 기록합니다. 요한일서 1:9절도 말씀합니다. "만일 우리가 우리 죄를 자백하면 저는 미쁘시고 의로우사 우리 죄를 사하시며 모든 불의에서 우리를 깨끗케 하실 것이요." 사랑하는 여러분은 하나님을 향해 생각과 삶의 방향을 전환했습니까? 주 앞으로 돌아섰습니까?

회개의 열매와 함께 빛의 열매를 맺어야 합니다. 에베소서 5:8-9 절은 말씀합니다. "너희가 전에는 어두움이더니 이제는 주안에서 빛이라 빛의 자녀들처럼 행하라 빛의 열매는 모든 착함과 의로움과 진실함에 있느니라." '착함'이란 온유하고 도덕적인 성품입니다. '의로움'이란 공정하고 올바름입니다. '진실함'이란 순수하고 정직함을 의미합니다.

회개의 열매와 빛의 열매와 더불어 전도의 열매를 맺어야 합니다. 전도는 주님의 유언이자 지상 최대의 명령으로 성도의 사명이자 절대적 임무요, 영적인 빚을 갚는 일입니다(막 16:15; 마 28:19-20; 행 1:8). 고린도전서 4:1-2절은 말씀합니다. "사람이 마땅히 우리를 그리스도의 일꾼이요 하나님의 비밀을 맡은 자로 여길지어다 그리고 맡은 자의 구할 것은 충성이니라." 그러므로 믿음의 비밀을 가진 사람으로서 복음을 전하지 않는 자는 그 인생을 낭비하는 것입니다. 요한일서 2:15-17절 말씀을 보겠습니다. "이 세상이나 세상에 있는 것들을 사랑치 말라 누구든지 세상을 사랑하면 아버지의 사랑이 그 속에 있지 아니하니 이는 세상에 있는 모든 것이 육신의 정욕과 안목의 정욕과 이생의 자랑이니 다 아버지께로 좇아온 것이 아니요 세상으로 좇아온 것이라 이 세상도 그 정욕도 지나가되 오직 하나님의 뜻을 행하는 이는 영원히 거하느니라."

인생에서 가장 효과적이면서도 가치 있는 행복을 누리는 사람은 바로 전도의 열매를 많이 가지고 있는 사람입니다. '복음전도의 사명'이란 차원에서 볼 때 자기 혼자 믿는 것은 죄악입니다. 사도 바울의 고백을 잊지 마십시오. "내가 복음을 전할지라도 자랑할 것이 없음은 내가 부득불 할 일임이라 만일 복음을 전하지 아니하면 내게 화가 있을 것이로다…내가 내 몸을 쳐 복종하게 함은 내가 남에게 전파한 후에 자기가 도리어 버림이 될까 두려워 함이로라"(고전 9:16, 27). 아울러 영적 아들 디모데를 향한 바울의 권면을 경청하시기 바랍니다. "너는 말씀을 전파하라 때를 얻든지 못 얻든지 항상 힘쓰라 범사에 오래 참음과 가르침으로 경책하며 경계하며 권하라"(딤후 4:2).

사랑하는 여러분, 누군가로 인해 오늘 내가 여기 있다면 나 때문에 누군가가 지금 여기 있어야 합니다. 그렇지 않다면 나는 영적 채무자입니다. 주님께 빚을 지고 있는 것입니다. 오늘도 주님은 열매를 맺어야 한다고 강하게 명하십니다. 열매를 맺어야 합니다. 열매를 맺어야 합니다. 열매를 맺어야 합니다!

그런데 무슨 열매를 맺어야 합니까? 전도의 열매를 맺어야 합니다. 전도에는 축복이 따릅니다.

＊첫째, 별처럼 영원토록 비추입니다. 다니엘 1:2-3절입니다. "많은 사람을 옳은 데로 돌아오게 한 자는 별과 같이 영원토록 비춰리라."

＊둘째, 하나님께서 함께하시는 임마누엘(마 28:20)의 복을 누립니다.

＊셋째, 많은 것을 맡기십니다(마 25:21). 천국 잔치에 참여합니다.

＊넷째, 능력과 권세를 주십니다(눅 9:1-2; 10:19).

＊다섯째, 생명의 면류관을 주십시다. 계시록 2:10절입니다. "네가 죽도록 충성하라 그리하면 내가 생명의 면류관을 네게 주리라."

아울러 우리는 성령의 열매를 맺어야 합니다. 성령은 이 땅에서 역사하시는 하나님의 영, 그리스도의 영입니다. 성령을 힘입고 의지해야 예수 그리스도의 증인이 될 수 있습니다(행 1:8). 성령을 좇아 행할 때 육체의 욕심을 이루지 않습니다(갈 5:16, 롬 8:13). 하나님 나라는 오직 성령 안에서 의와 평강과 희락입니다(롬 14:17). 우리가 성령으로 행할 때 성령의 열매를 맺습니다(갈 5:22-24). 성령의 열매를 맺는 삶의 모습은 골로새서 3:16, 17절에서 확인할 수 있습니다. "하나님의 말씀이 너희 속에 풍성히 거하여 모든 지혜로 피차 가르치며 권면하고 시와 찬미와 신령한 노래를 부르며 마음에 감사함으로 하나님을 찬양하고 또 무엇을 하든지 말에나 일에나 다 주 예수의 이름으로 하고 그를 힘입어 하나님 아버지께 감사하라."

5. 제자의 삶은 세상과 구별, 구분되어야 합니다.

제자는 구별되고 구분된 삶을 살아야 합니다. 베드로전서 1:15, 16절입니다. "오직 너희를 부르신 거룩한 자처럼 너희도 모든 행실에 거룩한 자가 되라 기록하였으되 내가 거룩하니 너희도 거룩할찌어다 하셨느니라." 데살로니가전서 4:3절은 말씀합니다. "하나님의 뜻은 이것이니 너희의 거룩함이라." 고린도전서 3:16, 17절도 함께

보겠습니다. "너희가 하나님의 성전인 것과 하나님의 성령이 너희 안에 거하시는 것을 알지 못하느뇨 누구든지 하나님의 성전을 더럽히면 하나님이 그 사람을 멸하시리라 하나님의 성전은 거룩하니 너희도 그러하니라."

6. 제자의 삶 가운데는 하나님의 전지 작업이 있습니다.

제자가 살아가는 삶의 여정 가운데 하나님의 전지 작업, '가지치기'가 있습니다. 더 알차고 좋은 열매, 더 많은 열매를 맺기 위해서 농부는 가지를 잘라낸다고 주님은 말씀하십니다. 요한복음 15:2절을 보겠습니다. "무릇 내게 있어 과실을 맺지 아니하는 가지는 아버지께서 이를 제해 버리시고 무릇 과실을 맺는 가지는 더 과실을 맺게 하려 하여 이를 깨끗게 하시느니라." 잘 아시겠지만 사도 바울의 몸의 가시는 굉장한 시련이었습니다. 그러나 이를 감수해야 하는 아픔 때문에 그가 훌륭한 영적 열매를 맺었음을 기억하시기 바랍니다. 하나님이 여러분과 저에게 더 알찬, 더 좋은 열매, 더 많은 열매를 기대하셔서 때때로 가위를 대실지 모릅니다. 이때 아프지만 괴롭지만 슬프지만 고통스럽지만 주의 제자라면 참고 기다려야 합니다. 주님의 때와 역사를 기다려야 합니다. 야고보서 5:8절입니다. "너희도 길이 참고 마음을 굳게 하라." 사랑하는 여러분, 인내로 결실함을 잊지 마십시오. 하나님이 손을 대실 때 믿음으로 수용하여 참고 견딜 때 아름다운 열매를 맺는 예수 그리스도의 제자가 될 줄로 믿습니다.

베드로 사도의 권면을 늘 기억하십시오. 베드로전서 5:10절입니다. "모든 은혜의 하나님 곧 그리스도 안에서 너희를 부르사 자기의 영원한 영광에 들어가게 하신 이가 잠간 고난을 받은 너희를 친히 온전케 하시며 굳게 하시며 강하게 하시며 터를 견고케 하시리라."

● ● ● ●

이제 말씀을 정리하고자 합니다. 오늘 같이 살펴본 대로,

＊제자는 주님을 따르는 삶을 삽니다. 자기를 부인하고 자기 십자 가를 집니다.

＊제자는 말씀 안에 거하는 삶을 삽니다. 예수 그리스도 안에 거 하는 삶을 삽니다.

＊제자는 사랑을 실천하는 삶을 삽니다.

＊제자는 열매 맺는 삶을 삽니다(행 13:52 참조). 회개의 열매를 맺 습니다. 하나님께로 방향을 돌이킵니다. 빛의 열매, 즉 착함과 의로움과 진실함의 열매를 맺습니다. 전도의 열매를 맺습니다. 주님의 명령을 실천합니다. 성도의 영적 부채 이행 의무를 실천 합니다. 성령의 열매를 맺습니다. 육체와 함께 그 정과 욕심을 십자가에 못 박아 성령의 열매를 맺습니다.

＊제자는 거룩한 삶을 삽니다. 구별된 삶, 구분된 삶을 삽니다(벧 전 1:15-16, 살전 4:3, 고전 3:16-17).

＊제자의 삶 가운데는 보다 더 알차고 좋은 열매를 맺기 위한 거룩한 전지작업, 즉 하나님이 행하시는 '가지치기' 사역이 있다는 것도 기억해 두시기 바랍니다.

마지막으로 사랑하는 여러분께 묻습니다. 여러분은 진정 예수 그리스도의 제자이십니까? 그리고 여러분은 지금 주의 제자 된 삶을 살고 있습니까?

제9장

증인이 되리라

오직 성령이 너희에게 임하시면 너희가 권능을 받고
예루살렘과 온 유대와 사마리아와 땅 끝까지 이르러 내 증인이 되리라
하시니라 이 말씀을 마치시고 저희 보는 데서 올려져 가시니
구름이 그를 가리어 보이지 않게 하더라 올라가실 때에
제자들이 자세히 하늘을 쳐다보고 있는데 흰 옷 입은 두 사람이
그들 곁에 서서 이르되 갈릴리 사람들아 어찌하여 서서
하늘을 쳐다보느냐 너희 가운데서 하늘로 올려지신
이 예수는 하늘로 가심을 본 그대로 오시리라 하였느니라(행 1:8-11)

예수님은 이 땅에서의 공생애 사역 중에 우리에게 위대한 명령과 위대한 사명을 주셨습니다. 예수님이 주신 위대한 명령은 바로 사랑의 명령입니다. "새 계명을 너희에게 주노니 서로 사랑하라 내가 너희를 사랑한 것같이 너희도 서로 사랑하라 너희가 서로 사랑하면 이로써 모든 사람이 너희가 내 제자인줄 알리라"(요 13:34-35). 마태복음에서도 율법 중에 어느 계명이 가장 크냐는 한 율법사의 질문에 예수님은 이렇게 답하셨습니다. "예수께서 가라사대 네 마음을 다하고 목숨을 다하고 뜻을 다하여 주 너의 하나님을 사랑하라 하셨으니…

이 두 계명이 온 율법과 선지자의 강령이니라"(마 22:37-40). 이 두 구절의 공통점은 둘 다 사랑의 명령이란 사실입니다. 사랑하는 여러분, 예수님을 사랑하십니까? 정말 사랑하십니까? 그런데 예수님만 사랑하는 것이 아니라면 아직 예수님을 제대로 사랑하는 것이 아닙니다. 잊지 마십시오. 예수님의 사랑으로 부모와 형제 자매를, 이웃을, 동료를 사랑하셔야 합니다. 원수까지 사랑하십시오. 이것이 주님의 명령을 이행하는 것입니다.

방금 위대한 명령에 대해 말씀드렸습니다. 그렇다면 위대한 사명은 무엇일까요? 예수 그리스도의 증인이 되는 것, 즉 복음 전파가 위대한 사명입니다. "오직 성령이 너희에게 임하시면 너희가 권능을 받고 예루살렘과 온 유대와 사마리아와 땅 끝까지 이르러 내 증인이 되리라 하시니라"(행 1:8). "그러므로 너희는 가서 모든 족속으로 제자를 삼아 아버지와 아들과 성령의 이름으로 세례를 주고"(마 28:19).

바울은 그의 영적 아들 디모데에게 이 위대한 사명의 실천을 독려합니다. "하나님 앞과 살아 있는 자와 죽은 자를 심판하실 그리스도 예수 앞에서 그의 나타나실 것과 그의 나라를 두고 엄히 명하노니 너는 말씀을 전파하라 때를 얻든지 못 얻든지 항상 힘쓰라 범사에 오래 참음과 가르침으로 경책하며 경계하며 권하라 때가 이르리니 사람이 바른 교훈을 받지 아니하며 귀가 가려워서 자기의 사욕을 따를 스승을 많이 두고 또 그 귀를 진리에서 돌이켜 허탄한 이야기를 따르리라 그러나 너는 모든 일에 신중하여 고난을 받으며 전도자의 일을 하며 네 직무를 다하라"(딤후 4:1-5).

여기서 "전파하라"는 말씀은 선포하고 담대히 전하라는 말입니다. "힘쓰라"는 말씀은 끈질기게 권고하라는 말씀입니다. "경책하고 경계"하라는 말씀은 죄에 대해 뼈저리게 각성시키고 호되게 책망하라는 말씀입니다. "바른 교훈"은 예수 그리스도를 통한 구원 소식을 의미합니다. "허탄한 이야기를 따르리라"는 말씀은 멸망의 길로 내닫는다는 뜻입니다.

전도는 교회의 생명이요 가장 중요한 소명입니다. 교회의 존재 이유지요. 하나님의 복음을 전파하는 일은 창조와 함께 시작되어 지금도 계속되고 있는 사역입니다. 성경적인 복음전파란 단순히 복음을 말로만 전하는 데 그치지 않고 그 복음을 가르쳐 순종케 하고 죄 용서 받은 이들이 예수님을 닮게 만드는(즉, 작은 예수를 만드는) 전인적인 사역입니다.

성경은 전도 지침서인 동시에 성경 그 자체가 복음을 전파하고 있습니다. 전도 명령은 절대 명령이며 누구든지 예수 그리스도를 주로 고백하면 그 시간부터 하나님의 나라와 하나님의 의에 최우선순위를 두고 살면서 그리스도의 복음의 증인으로 살 사명을 부여 받는 것입니다. 복음 전파의 소명자가 되는 것입니다. 복음 전파는 생명을 걸고라도 이뤄야 하는 성도의 사명입니다. 그리스도인의 평생 사업은 복음 전파입니다. 오늘 복음 전파의 절대적인 중요성을 염두에 두고 〈증인이 되리라〉는 제목으로 전도에 관해 살피겠습니다.

전도의 이유

예수 그리스도를 주로 영접한 자는 그 누구든지 자신의 몸으로 자신의 마음으로 자신의 삶으로 자신의 입으로 그리스도 예수를 증거해야 합니다. 그런데 왜 그리스도의 증인이 되어야 할까요?

1. 전도가 예수님의 명령이요 '유언'이기 때문입니다.

> 그러므로 너희는 가서 모든 족속으로 제자를 삼아 아버지와 아들과 성령의 이름으로 세례를 주고 내가 너희에게 분부한 모든 것을 가르쳐 지키게 하라 볼지어다 내가 세상 끝날까지 너희와 항상 함께 있으리라 하시니라(마 28:19-20)
> 오직 성령이 너희에게 임하시면 너희가 권능을 받고 예루살렘과 온 유대와 사마리아 땅 끝까지 이르러 내 증인이 되리라 하시니라(행 1:8)

군인에게 있어서 전시 명령 불복종은 사형 사유입니다. 우리 그리스도인은 십자가의 군병입니다. 주의 군병 된 우리는 영적 전투를 해야 합니다(엡 6:10-20). 그 영적 전투 가운데 주님께서 친히 주신 전도의 명령을 심각하고 엄중하게 받아들여야만 합니다 (위의 두 구절 참고).

2. 성도의 의무이자 사명이기 때문입니다.

전도는 성도의 의무이면서 또한 사명이기에 복음을 전파해야 합니다. "내가 복음을 전할지라도 자랑할 것이 없음은 내가 부득불 할 일임이라 만일 복음을 전하지 아니하면 내게 화가 있을 것임이로라"(고전 9:16).

3. 한 영혼이 천하보다 귀하기 때문입니다.

사람의 영혼은 온 우주를 주고도 바꿀 수 없을 정도로 귀합니다. 그렇게 귀한 사람의 영혼은 예수 그리스도를 믿어야만 영원한 생명을 얻을 수 있습니다. 육체는 음식을 먹어야 하나 영혼은 그리스도의 복음으로만 살 수 있습니다.

> 예수께서 대답하여 가라사대 기록되었으되 사람이 떡으로만 살 것이 아니요 하나님의 입으로 나오는 모든 말씀으로 살 것이라 하였느니라 하시니(마 4:4)
> 믿는 자는 영생을 얻었고 심판에 이르지 아니하나니 사망에서 생명으로 옮겼느니라(요 5:24)
> 아들이 있는 자에게는 생명이 있고 하나님의 아들이 없는 자에게는 생명이 없느니라(요일 5:12)

4. 사람의 인생이 내일을 장담할 수 없기 때문입니다.

> 한번 죽는 것은 사람에게 정하신 것이요 그 후에는 심판이
> 있으리니 (히 9:27)

사람은 누구나 죽습니다. 그러나 그 때가 언제일지 하나님 외에는 그 누구도 정확히 모릅니다. 노화, 질병, 사건, 사고, 자살, 천재지변 등 여러 이유로 수많은 사람이 매일 죽어갑니다. 내일을 장담할 수 있는 인생은 하나도 없습니다. 그런데 정확히 말해서 죽음이 끝이 아닙니다. 죽음 후에 심판이 있습니다. 예수 믿으면 영원한 생명, 예수 믿지 않으면 영원한 멸망입니다. 내가 오늘 만나는 사람 중에 다시 못 볼 사람이 있을 수도 있는 것이 인생사입니다. 태어나는 데는 순서가 있어도 죽는 데는 순서가 없습니다. 누구를 만나든 만나는 그 사람이 전도 대상자이고, 만나서 말할 수 있는 기회가 바로 전도의 기회라는 분명한 인식을 가지고 전도에 최선을 다해야 합니다. 그런 뜻에서 사도 바울은 때를 얻든지 못 얻든지 항상 복음 전파에 힘쓰라고 권면합니다 (딤후 4:2).

증인이 되는 방법

그런데 어떻게 해야 복음의 증인이 될 수 있을까요?

1. 성령을 받아야 합니다(행 1:8).

주님이 제자들을 부르신 이유는 그들을 증인 삼으시기 위함입니다. 주님이 그들을 가르치신 이유는 그들을 증인 삼으시기 위함입니다. 주님은 제자들에게 많은 것을 보여주셨습니다. 그 역시 저들이 보고 들은 것을 나가서 전하는 증인이 되라고 보여주신 것입니다. 주님께서 제자들에게 성령을 약속하셨습니다. 증인이 되려면 성령을 받아야 하기 때문입니다.

누가 주님의 몸된 교회를 위해 진정한 헌신과 봉사를 하는가를 보세요. 성령 충만한 사람이 이름 없이 빛도 없이 알아주든지 말든지 변함없이 주의 일을 감당합니다. 왜 그럴까요? 성령을 받으면 관점(perspective)이 달라지기 때문입니다. 또 성령을 받으면 권능을 받기 때문입니다. "오직 성령이 너희에게 임하시면 너희가 권능을 받고…"(행 1:8, 고전 4:20 참조). '권능'은 헬라어로 '듀나미스'입니다. 다이너마이트의 어원이 되는 단어로 놀라운 폭발력, 파워를 의미합니다. 성령은 힘이요 권능입니다. 성령은 복음의 증인이 되는데 필요한 능력입니다.

사도행전을 보면 성령 받은 이들이 복음을 전했습니다. 예수 그리스도의 증인이 됐습니다. 목숨 부지하려고 도망가던 베드로가 성령 받고 나서 한 번 설교하면 삼천 명, 오천 명이 회개하는 역사가 일어났다고 성경은 증거합니다. 감리교 창시자 요한 웨슬리는 구원의 확신도 없었으나 모라비안 교도들의 예배에 참석했다가 구원의 확신과 성령의 능력을 받고 예수 그리스도께로 많은 이들을 인도하는 대 전도자가 됐습니다. 요한 웨슬리가 이끈 영국의 부흥운동은 적어도 간접적으로 영국을 유혈혁명에서 구하는 역사까지 이루었습니다 (예를 들어, 프랑스 혁명과 대조).

성령을 받으면 사람이 달라집니다. 성품이 부드러워집니다. 온유하고 겸손해집니다. 다른 이들에게 평안을 줍니다.

> 또 새 영을 너희 속에 두고 새 마음을 너희에게 주되 너희 육신에서 굳은 마음을 제하고 부드러운 마음을 줄 것이며(겔 36:26)
>
> 평안을 너희에게 끼치노니 곧 나의 평안을 너희에게 주노라 내가 너희에게 주는 것은 세상이 주는 것 같지 아니하니라 너희는 마음에 근심도 말고 두려워하지도 말라(요 14:27)
>
> 하나님이 나라는 먹는 것과 마시는 것이 아니요 오직 성령 안에서 의와 평강과 희락이라(롬 14:17)

성령을 받으면 또한 담대해집니다. 겁쟁이가 용기 있는 사람으로 변합니다. 전도하지 못하는 이들 중에는 "부끄러워서 못한다," "말을 꺼내기가 힘들다," "거절당하면 어떻게 하나 하는 두려움 때문에 시작도 못했다"고 말하는 이들이 많습니다. 갓피플닷컴에서 실시했던 한 이메일 설문조사에 따르면 응답자 3,023명 중 86.3%가 전도가 어렵다고 고백하며 부담감과 두려움을 느끼고 있음을 인정했습니다. 이것은 사실 우리들만의 문제가 아닙니다. 초대교회 성도들도 주님의 제자들도 똑같았습니다. 하지만 성령을 받은 뒤로 이들은 달라졌습니다. 담대해졌습니다. 더 이상 겁내지 않았습니다. 도리어 힘 있게 복음을 전했습니다.

> 그들을 불러 경계하여 도무지 예수의 이름으로 말하지도 말고 가르치지도 말라 하니 베드로와 요한이 대답하여 가로되 하나님 앞에서 너희 말 듣는 것이 하나님 말씀 듣는 것보다 옳은가 판단하라 우리는 보고 들은 것을 말하지 아니할 수 없다 하니(행 4:18, 20 [12절 참조])

여러분, 성령의 충만함을 받아야 예수 그리스도의 증인된 사명을 감당할 수 있습니다. 증인이 되기 위해서는 먼저 성령 충만을 받아야 합니다.

2. 비장한 각오, 즉 순교의 각오를 해야 합니다.

주님은 증인이 되라고 명하셨습니다. '증인'이란 헬라어 단어는 martus인데 이 단어에서 '순교자'를 뜻하는 영어 명사 martyr가 나왔습니다. 증인이란 알고 있는 진리와 사실, 그 내용을 지키기 위해 목숨까지도 거는 사람을 의미합니다. 순교를 각오하고 증인이 되는 것입니다. 희생 없이는 증인이 될 수가 없습니다. 복음의 증인은 그의 복음증거로 인해 핍박이 있을 때 순교마저 불사하는 자입니다.

3. 믿음이 있어야 합니다.

> 우리는 믿음으로 의롭게 됩니다. 믿음으로 구원을 받습니다. 그리고 우리의 믿음은 행함으로 표현되는 믿음이어야 합니다. "네가 보거니와 믿음이 그의 행함과 함께 일하고 행함으로 믿음이 온전케 되었느니라 영혼 없는 몸이 죽은 것같이 행함이 없는 믿음은 죽은 것이니라"(약 2:22, 26).

전도는 내가 하지만 결과는 주님이 책임져주십니다. 그러므로 '전도는 했지만 저 사람이 믿지 않으면 어떡하나?'하는 염려는 하지 않아도 됩니다. 주님이 그의 일을 이루시기 때문입니다. "오직 자라게 하시는 이는 하나님뿐이니라"(고전 3:7).

우리는 예수 그리스도의 증인입니다. 그런데 제대로 예수 그리스도를 증언하려면 증언하는 우리가 먼저 믿음 위에 굳게 서 있어야 합니다. 스스로 먼저 자신의 믿음을 확증해야 합니다. 고린도후서 13:5절은 "자신의 믿음을 확증하라"고 말합니다. "너희가 믿음에 있는가 너희 자신을 시험하고 너희 자신을 확증하라 예수 그리스도께서 너희 안에 계신 줄을 너희가 스스로 알지 못하느냐 그렇지 않으면 너희가 버리운 자니라."

최봉석 목사님의 일화를 나누겠습니다. 최봉석 목사님은 늘 "예수 천당, 불신 지옥"을 크게 외쳤습니다. 전도를 많이 하고 능력도 많이 행하셨습니다. 한시라도 전도하지 않고는 못 견디는 전도에 불붙은 분이셨습니다. 심지어 아들 장례식 날에도 집 앞을 지나가는 사람에게 전도했습니다. 그 때 한 동료 목사님이 안타깝게 여겨 "최 목사님, 오늘은 장례식이니 좀 쉬시지요"라고 했습니다. 그러자 목사님은 "무슨 말을 하는 겁니까? 내 아들은 죽어서 천국 갔는데 예수 모르는 저 이방인들은 지금 지옥으로 달려가는데 그저 보고 있겠습니까? 열차가 달려오는데 철길 위에서 놀고 있는 애들을 끌어내야 하지 않겠습니까?"하고 도리어 반문했습니다.

전도의 대상

그러면 어디서부터 복음을 전해야 할까요? 사도행전1:8절은 그에 대한 구체적 답을 네 가지 단계에 따라 제시해 줍니다. 먼저 "예루살렘"입니다. 가족이요, 가정입니다. 가족은 나를 매일 유심히 지켜보고 있습니다. 그들을 전도하려면 내가 먼저 십자가를 져야 합니다. 가정에서 또 내 삶의 터전에서 주님께서 보내신 천사(angel)가 되어야 합니다. 작은 예수가 되어야 합니다.

그 다음은 "유대"입니다. 바로 우리의 이웃입니다. 우리들의 친구와 동료들입니다. 이웃에 대해 관심과 사랑을 가져야 합니다. "네 이웃을 네 몸과 같이 사랑하라"고 하셨습니다. 그들에게 관심을 갖고 전도해야 합니다. 그들에게 주님 보내신 사랑의 사람이 되어야 합니다. 사도 요한을 보십시오. 우뢰의 아들, 보아너게(막 3:16-17 참조)가 사랑의 사도가 됐습니다. 우리도 사도 요한처럼 이웃을 향해 주님 사랑을 보여주는 사람이 되어야 합니다.

그리고 나서 "사마리아"입니다. 유대인들은 사마리아 사람들과 상종하지 않았습니다. 사마리아인들을 짐승 취급했습니다. 우리에게 "사마리아인"은 우리와 별로 관계가 좋지 못한 사람들입니다. 관계가 소원한 사람들, 대하기 어려운 이들, 나아가 원수에게까지 주의 복음을 전하라는 말씀입니다. 로마서 12:20-21절은 "네 원수가 주리거든 먹이고 목마르거든 마시우라 악에게 지지말고 선으로 악을 이기라"고 말씀합니다.

마지막으로 "땅끝"입니다. 주님은 "땅끝까지 이르러 내 증인이 되리라"고 하셨습니다. 전국이 우리의 교구입니다. 세계가 우리의 교구입니다. 우리는 예수 그리스도의 증인입니다. 십자가 복음의 증언자입니다. 우리가 갈 수 있는 데까지 가서 복음을 전하고, 우리가 못 가면 직접 가서 발로 뛰는 선교사들을 위해서 기도하고 물질로 후원해야 합니다.

전도의 내용

전도할 때 과연 '무엇을 전해야 하는가?'에 대해 살펴보기 원합니다. 사도 바울은 분명 성공한 전도자입니다. 그는 성경을 갖고 강론하고 뜻을 풀어 예수가 곧 그리스도(메시아)시며 구원자라고 전했습니다(예: 행 17:2-3). 사도 바울의 전도의 특징은 철저한 그리스도 중심입니다. 바울은 예수 그리스도를 전했습니다. 성경을 풀어가면서 그가 강조했던 중심은 바로 예수 그리스도였습니다. 그는 고린도전서 1:23-24절을 통해 이렇게 증거합니다. "우리는 십자가에 못 박힌 그리스도를 전하니 유대인에게는 꺼리는 것이요 이방인에게는 미련한 것이로되 오직 부르심을 입은 자들에게는 유대인이나 헬라인이나 그리스도는 하나님의 능력이요 지혜니라!" 고린도전서 2:2절에서 바울은 본질적으로 같은 증언을 합니다. "내가 너희 중에서 예수 그리스도와 그의 십자가에 못박히신 것 외에는 아무것도 알지 아니하기로 작정하였음이라!"

'전도'란 바로 예수 그리스도를 소개하는 것이요, 예수 그리스도를 자랑하는 것이요, 예수 그리스도를 전파하는 것입니다. 예수 그리스도가 빠지면 아무리 감동적으로 말을 잘 해도 더 이상 전도가 아닙니다. 그러므로 우리가 전도함에 있어 분명하게 예수 그리스도 그분을 전해야 합니다. 그런데 우리가 '예수 그리스도를 전한다'고 할 때 예수 그리스도에 관해 무엇을 구체적으로 전해야 할까요? 이어지는 부분에서는 '예수 그리스도를 전한다'는 말이 갖고 있는 의미를 조금 더 풀어보도록 하겠습니다.

1. 예수 그리스도의 십자가를 전함

'예수 그리스도를 전한다'는 말은 그의 십자가를 전한다는 뜻입니다. 주님은 죄인 대신, 아니 나 대신 십자가에 못 박히심으로 피로, 생명으로 속죄의 길을 새롭고 산 길을 열어놓으셨습니다. 히브리서 10:19-20절이 증거합니다. "그러므로 형제들아 우리가 예수의 피를 힘입어 성소에 들어갈 담력을 얻었나니 그 길은 우리를 위하여 휘장 가운데로 열어 놓으신 새롭고 산 길이요 휘장은 곧 저의 육체니라." 이사야 선지자의 예언도 잊지 마십시오. "그가 찔림은 우리의 허물을 인함이요 그가 상함은 우리의 죄악을 인함이라 그가 징계를 받음으로 우리가 평화를 누리고 그가 채찍에 맞음으로 우리가 나음을 입었도다 우리는 다 양 같아서 그릇 행하여 각기 제 길로 갔거늘 여호와께서는 우리 무리의 죄악을 그에게 담당시키셨도다"(사 53:5-6).

2. 예수 그리스도의 부활을 전함

'예수 그리스도를 전한다'는 말은 그의 부활을 선포한다는 뜻입니다. "예수께서 가라사대 나는 부활이요 생명이니 나를 믿는 자는 죽어도 살겠고 무릇 살아서 나를 믿는 자는 영원히 죽지 아니하리니 이것을 네가 믿느냐"(요 11:25-26). 부활의 첫 열매가 되신 예수 그리스도를 전해야 합니다. "그러나 이제 그리스도께서 죽은 자 가운데서 다시 살아 잠자는 자들의 첫 열매가 되셨도다"(고전 15:20).

3. 예수 그리스도의 구원을 전함

'예수 그리스도를 전한다'는 말은 그가 구원자이심을 전한다는 말이고, 그로 말미암지 않고는 구원받을 수 없음을 전한다는 뜻입니다.

> 다른 이로서는 구원을 얻을 수 없나니 천하 인간에 구원을 얻을 만한 다른 이름을 우리에게 주신 일이 없음이니라 하였더라(행 4:12)
>
> 예수께서 가라사대 내가 곧 길이요 진리요 생명이니 나로 말미암지 않고는 아버지께로 올 자가 없느니라"(요 14:6)

전도의 방법

그런데 어떻게 전해야 할까요? 다시 말해 전도의 방법은 무엇인가요? 이하에서 몇 가지 측면으로 나누어 살펴보겠습니다.

1. 내 몸(삶)으로 전해야 합니다.

기회가 닿는 대로 만나는 사람에게 최선을 다해 내 삶으로 주님을 전해야 합니다. 법궤를 어깨에 메듯, 십자가를 몸으로 지듯, 삶으로 주님을 증거해야 합니다. 주의 일은 내 몸으로 내 삶으로 하는 것입니다. 사실은 저와 여러분이 하는 것이 아니라 주께서 하시는 거죠. "심는 이나 물 주는 이는 아무 것도 아니로되 오직 자라나게 하시는 하나님 뿐이니라"(고전 3:7). 그런데 주께서 일 하실 때 복음의 일꾼들을 통해 일하십니다. 복음의 일꾼 된 우리에게 요구되는 것은 전적인 순종과 온전한 신뢰뿐입니다. 사랑하는 여러분, 주님은 분명하게 말씀하셨습니다. "아무든지 나를 따라 오려거든 자기를 부인하고 날마다 제 십자가를 지고 나를 따를 것이니라"(눅 9:23). 전도의 맥락에서 '십자가를 진다'는 것은 우리가 결코 쉽지 않은 삶의 도전과 무게감 가운데서도 여전히 신실하게 복음을 전해야 함을 뜻합니다.

2. 기도로 전해야 합니다.

우리에게 있어 모든 힘 중에 가장 큰 힘은 바로 기도의 능력입니다. 전도자(복음의 증언자)에게 기도가 메마르면 마치 머리 깎인 삼손처럼 무능력해집니다. 기도는 하나님이 주시기로 약속하신 바를 받아들이는 행위이고 하나님의 능력을 받아들이는 행위입니다. 기도는 연약한 인간이 전능하신 하나님께 도움을 요청하는 직통전화입니다. 얍복 강가에서 결단하고 기도했던 야곱을 기억하십니까? 그가 모든 것 다 걸고 기도했던 그 때 그의 이름이 사기꾼에서 승리자 이스라엘로 바뀌지 않았습니까? 우리가 기도할 때 하나님이 역사하십니다.

너희 사면에 남은 이방 사람이 나 여호와가 무너진 곳을 건축하며 황무한 자리에 심은 줄 알리라 나 여호와가 말하였으니 이루리라 나 주 여호와가 말하노라 그래도 이스라엘 족속이 이와 같이 자기들에게 이루어 주기를 내게 구하여야 할지라(겔 36:36-37)

그러므로 내가 너희에게 말하노니 무엇이든지 기도하고 구하는 것은 받은 줄로 믿으라 그리하면 너희에게 그대로 되리라(막 11:24)

예수님을 믿는 우리 모두는 그의 증인이고 복음의 전도자입니다. 그리스도의 일꾼이요 하나님의 비밀을 맡은 자입니다. 그런데 맡은 자에게 구할 것은 충성입니다. 우리는 기도생활에 있어 충성스러운 일꾼이 되어야 합니다. 충성스러운 파수꾼이 돼야 합니다. 무시로 성령 안에서 기도하고 깨어 구하기를 항상 힘써야 합니다. 부르짖어야 크고 비밀한 일을, 하늘나라를 볼 수 있고 전심으로 찾아야 주님을 만날 수 있습니다. 예레미야 29:12-13절의 약속입니다. "너희는 내게 부르짖으며 와서 내게 기도하면 내가 너희를 들을 것이요 너희가 전심으로 나를 찾고 찾으면 나를 만나리라." 요한복음 14:14절에서도 "내 이름으로 무엇이든지 내게 구하면 내가 시행하리라"고 말씀하셨습니다. 빌립보서 4:6-7, 골로새서 4:2, 마태복음 7:7-8절도 본질적으로 같은 말씀을 주십니다.

3. 물질(재정)을 사용해서 전해야 합니다.

우리는 청지기입니다. 청지기에게는 소유권이 없습니다. 청지기가 맡고 있는 재물의 소유권은 하나님께 있습니다. 청지기에게는 오직 관리권만 주어졌을 뿐입니다. 하나님이 우리에게 맡긴 재정을 하나님의 뜻대로 쓸 때 우리 삶에 영적 축복이 있습니다. 하나님께서는 재정을 사용하여 복음을 전하는 이들의 삶을 영적으로 축복하십니다. 그들의 삶을 책임지십니다.

돈은 인격의 시험대입니다. 돈은 많은 유혹을 가져옵니다. 그러나 돈 자체가 나쁘거나 악한 것은 아닙니다. 돈을 갖고 사용하는 이의 마음과 행실에 따라 선하게 쓰이기도 하고 악한 곳에 쓰이기도 합니다.

사실 돈을 잘 버는 것보다 돈을 잘 사용하는 것이 더 어렵습니다. 우리는 돈을 어떻게 사용해야 할까요? 디모데전서 6:17-19절이 그에 대한 답을 제공합니다. "네가 이 세대에 부한 자들을 명하여 마음을 높이지 말고 정함이 없는 재물에 소망을 두지 말고 오직 우리에게 모든 것을 후히 주사 누리게 하시는 하나님께 두며 선한 일을 행하고 선한 사업에 부하고 나눠주기를 좋아하며 동정하는 자가 되게 하라 이것이 장래에 자기를 위하여 좋은 터를 쌓아 참된 생명을 취하는 것이니라." 여러분, 가장 선한 일, 가장 선한 사업이 무엇입니까? 바로 전도입니다! 우리의 물질을 주님 뜻대로, 특별히 영혼 구원을 위해 사용하는 것은 장래에 우리 자신을 위해 좋은 터를 쌓아 놓는 게 됩니다.

· · · ·

사랑하는 여러분, 전도는 특별행사나 프로그램이 아닙니다. 전도는 예수님의 명령을 실천하는 것이요, 예수님의 '유언'을 이루는 것입니다. 성도의 의무를 이행하는 것입니다.

우리 모두 전도의 사명을 받았으니 이를 실천해야 합니다. 우리 모두 예수 그리스도의 증인이 되어야 합니다. 그런데 전도하기에 가장 적절한 시점은 언제입니까? 고린도후서 6:2절은 이렇게 말씀합니다. "보라 지금은 은혜받을 만한 때요 보라 지금은 구원의 날이로다." 전도의 적절한 시점은 바로 "지금"입니다. 바로 지금 예수님을 소개하고, 바로 지금 예수님을 자랑하며, 바로 지금 예수님을 전파해야 합니다. 여러분은 바로 지금 예수 그리스도의 증인이 되어야 합니다. 바로 지금 예수 그리스도의 생명을 나눠야 합니다. 바로 지금입니다.

하루살이의 삶을 살펴보며 말씀을 맺겠습니다. 하루살이는 성충이 되어 단 하루를 살지만 성충으로 하루를 살기 위해 유충으로 2-3년을 물속에서 기다립니다. 2-3년을 물속에서 살면서 25회 이상 허물을 벗으며 생명에 대한 끈질긴 의지를 보여줍니다. 클 만큼 다 큰 유충은 수면이나 물가로 기어 나와 하루, 이틀 머물다가 마지막으로 허물을 벗고 변모하여 하늘을 납니다. 그 기나긴 기다림 끝에 드디어 날 수 있게 됩니다. 그런데 얼마 동안 납니까? 딱 하루를 납니다. 그런데 그 시간마저도 그리 즐길 수 있는 시간이 아닙니다. 종족 보존을 위해 온종일 날아다니며 짝을 찾습니다. 자신의 목숨이 단 하루뿐임을 알고 있는지 그 하루를 너무도 아낍니다. 먹는 시간도 아껴서 그런지 입이 퇴화되어 흔적만 남았을 정도입니다. 드디어 짝을 찾아 교미를 끝내면 수컷은 자기의 목적을 이뤘다는 기쁨을 간직한 채 죽습니다. 암컷은 알을 낳고는 수컷의 뒤를 따른다고 합니다.

사랑하는 여러분, 단 하루를 사는 미물도 존재의 목적을 이처럼 이루는데 우리는 과연 어떻게 살아야 하겠습니까? 여러분은 인생의 목적을 이루고 있습니까? 사랑하는 여러분께 묻습니다. 성도 된 여러분의 지속적인 과업, 즉 인생 과제가 무엇인지 아십니까? 바로 전도입니다. 바로 복음 전파입니다. 바로 예수 그리스도의 증인이 되는 것입니다.

전하고 기도해 매일 증인되리라

세상 모든 사람들 듣고 그 사랑 알도록(찬송가 505장 후렴)

제10장

전신 갑주를 입으라

끌으로 너희가 주 안에서와 그 힘의 능력으로 강건하여지고
마귀의 간계를 능히 대적하기 위하여 하나님의 전신 갑주를 입으라
우리의 씨름은 혈과 육을 상대하는 것이 아니요 통치자들과 권세들과
이 어둠의 세상 주관자들과 하늘에 있는 악의 영들을 상대함이라
그러므로 하나님의 전신 갑주를 취하라 이는 악한 날에
너희가 능히 대적하고 모든 일을 행한 후에 서기 위함이라
그런즉 서서 진리로 너희 허리 띠를 띠고 의의 호심경을 붙이고
평안의 복음이 준비한 것으로 신을 신고 모든 것 위에
믿음의 방패를 가지고 이로써 능히 악한 자의 모든 불화살을 소멸하고
구원의 투구와 성령의 검 곧 하나님의 말씀을 가지라
모든 기도와 간구로 하되 항상 성령 안에서 기도하고 이를 위하여
깨어 구하기를 항상 힘쓰며 여러 성도를 위하여 구하라
또 나를 위하여 구할 것은 내게 말씀을 주사 나로 입을 열어
복음의 비밀을 담대히 알리게 하옵소서 할 것이니 이 일을 위하여
내가 쇠사슬에 매인 사신이 된 것은 나로 이 일에 당연히 할 말을
담대히 하게 하려 하심이라(엡 6:10-20)

군인이 무장하고 전투에 임하는 것처럼 영적 군인인 성도 역시 무장
하고 전투에 임해야 합니다. 독실한 크리스천이요 수학자 겸 철학자
였던 「팡세」의 저자 파스칼은 인간이 천사와 악마의 중간적 존재라

고 말했습니다. 아무리 악한 사람이라도 천사같이 선한 면이 그 마음 속에 있고, 또 아무리 선한 사람이라도 악마같이 어두운 면이 그 마음 속에 존재한다는 말입니다. 엄밀한 기준을 적용하여 말한다면 늘 선 한 사람도 또 늘 악한 사람도 없는 것 같습니다. 레오나르도 다빈치 의 〈최후의 만찬〉에서 예수님과 가룟 유다의 모델이 된 사람은 동일 인물이었습니다. 동일한 인물이 젊은 시절에는 다빈치의 〈최후의 만 찬〉의 예수님의 모델이 되고, 후에 나이가 들어서는 가룟 유다의 모 델이 된 것입니다. 인간에게는 번민과 갈등이 있고 우리 내면 안에 선 악 간에 투쟁이 계속되고 있습니다. 위대한 사도 바울의 마음속에서 도 이 투쟁이 계속됐습니다. 로마서 7:19, 21-24절입니다. "내가 원하 는 바 선은 행하지 아니하고 도리어 원치 아니하는 바 악은 행하는도 다 그러므로 내가 한 법을 깨달았노니 곧 선을 행하기 원하는 나에게 악이 함께 있는 것이로다 내 속 사람으로는 하나님의 법을 즐거워하 되 내 자체 속에서 다른 법이 내 마음의 법과 싸워 내 자체 속에 있는 죄의 법 아래로 나를 사로잡아 오는 것을 보는도다 오호라 나는 곤고 한 사람이로다 이 사망의 몸에서 누가 나를 건져내랴."

우리의 원수 마귀는 하나님의 백성을 도적질하고 죽이고 멸망시 키기 위해 우는 사자같이 두루 다니며 삼킬 자를 찾고 있습니다. 우 리는 이와 같은 시험을 이기고 승리하기 위해 하나님의 전신 갑주를 입어야만 합니다. 사랑하는 여러분, 반드시 기억하십시오. 성도는 영적 전장에 선 그리스도의 군병입니다. 그리고 우리의 싸움은 영적인 것입니다. 우리의 전쟁은 혈과 육을 상대하는 것이 아니라 영적 세력과의 싸움입니다. 그래서 우리에게는 하나님의 전신 갑주가 꼭 필요합니다.

전신 갑주가 필요한 이유

그런데 '전신 갑주'란 무엇입니까? 온 몸을 다 감싸 몸 전체를 보호하는 갑옷입니다. 만약 갑옷에 틈이 있다면 그 틈을 비집고 화살이 꽂힙니다. 그래서 에베소서 4:27절은 경고합니다. "마귀로 틈타지 못하게 하라."

그렇다면 왜 하나님의 전신 갑주를 입어야 할까요? 에베소서 6:13절에 그에 대한 답이 있습니다. "하나님의 전신 갑주를 취하라 이는 악한 날에 너희가 능히 대적하고 모든 일을 행한 후에 서기 위함이라."

전신 갑주가 필요한 이유는 마귀를 대적하기 위해서입니다. "마귀를 대적하라 그리하면 너희를 피하리라"고 야고보는 말합니다(약 4:7). 그런데 왜 마귀가 피할까요? 자기가 맞설 수 없음을 알고 피하는 것이죠. 우리가 하나님의 전신 갑주를 입으면 우리의 능력과 권세가 아닌 주님의 능력과 권세(역대하 20: 6 참조)로 싸우게 되기에 마귀가 우리가 아닌 주님의 능력과 권세를 보고 두려워 피하게 됩니다.

모든 일을 행한 후에 서기 위해 전신 갑주가 필요합니다. 전투에서 패배자는 쓰러지고 승리자는 섭니다. 전신 갑주는 전쟁에서 군병을 보호해 줍니다. 여러분께 묻겠습니다. 여러분은 지금 영적으로 서 있습니까? 승리자의 걸음으로 서 있습니까? 영적으로 승리하여 믿음으로 굳게 서는 여러분 되시기 바랍니다.

> "그러므로 너희가 예수 그리스도를 주로 받았으니 그 안에서 행하되 그 안에 뿌리를 박으며 세움을 입어 교훈을 받은 대로 믿음에 굳게 서서 감사함을 넘치게 하라"(골 2:6-7).

영적 무장

영적 전쟁에서 꼭 필요한 무장(영적 무장)은 무엇일까요? 그 답을 찾기 위해 하나님의 전신 갑주를 여섯 부분으로 나눠서 살펴보겠습니다.

1. 진리의 허리띠

요즘에는 허리띠가 없는 옷이 많으나 군병의 경우 허리띠를 제대로 매지 않으면 군무를 제대로 수행할 수 없습니다. 허리띠는 군병의 의복을 결속시켜서 그 의복이 몸에 붙어있게 하고 병사의 활동을 민첩할 수 있게 해 줍니다. 이와 같이 영적 허리띠인 진리는 하나님의 모든 은사와 축복이 내게 머물도록 묶는 띠입니다. 예를 들어

보겠습니다. 삼손은 천사의 수태 고지 이후 태어나 하나님의 큰 은택을 입은 나실인으로 가사 성문(문빗장, 문설주)을 통째로 헤브론 산 꼭대기로 매어갔는가 하면 나귀 턱뼈 하나로 중무장한 블레셋 군사 1000명을 쳐 죽이기도 했습니다. 그러나 이 삼손이 진리의 허리띠를 기생 데릴라의 집에 가서 풀어버렸습니다. 그러자 성령의 능력이 그에게서 떠나갔습니다. 그가 그 후 겪었던 수치와 비참한 종말에 대해 우리는 매우 잘 알고 있습니다. 사람 가운데 가장 가치 없는 사람이 어떤 사람이라고 생각하십니까? 무식한 사람입니까? 가진 것 없는 가난한 사람인가요? 지능이 낮은 사람인가요? 아닙니다. 가장 가치가 없는 사람은 표리부동한 사람, 즉 속 다르고 겉 다른 사람, 다시 말해 진리에 서 있지 않은 사람입니다.

마틴 루터가 종교 개혁을 추진하다 보름스 회의에 소환 당했습니다. 일종의 종교 재판이지요. 황제 카를 5세를 포함하여 모인 사람 모두가 그의 대적자였고, 그를 변호해 줄 사람 하나 없는 법정에 외로이 서자 두려움이 엄습합니다. 그는 잠시 고개를 숙이고 두 손을 모으고 간절히 기도했습니다. "하나님 아버지, 내가 여기 섰사오니 나를 도우소서. 내가 진리에 섰사오니, 내가 의에 섰사오니, 내가 참에 섰사오니, 내가 믿음에 섰사오니 나를 도우소서."

여러분은 지금 어디에 서 있습니까? 진리에 서 있습니까? 의에 섰습니까? 참에 섰습니까? 믿음에 섰습니까? 마틴 루터처럼 기도할 수 있습니까? "주여, 내가 진리에, 의에, 믿음에 섰사오니 나를 도우소서!"라고 기도할 수 있습니까? 사랑하는 여러분, 자신이 서 있는 위치를 잘 점검해 보시기 바랍니다. 지금 어디에 서 있습니까? 하나님 대신 돈과 명예, 성적 쾌락이 인간의 삶을 지배하는 경우가 너무나 많습니다. 이 세 가지는 우리를 진리에서 떠나게 하기 위해 끊임없이 우리를 유혹하고 있습니다. 이 유혹을 우리는 용감하게 거부할 수 있어야 합니다. 우리는 오직 진리 안에서 즐거워해야 합니다.

이솝 우화에 따르면, 물고기를 본 물가의 여우는 물고기를 잡아먹고 싶은데 방법이 없으니 물고기를 유혹합니다. "물속에만 있지 말고 밖으로 나와라. 여기가 물속보다 훨씬 좋단다." 그 유혹에 넘어가 물에서 나오면 어떻게 됩니까? 죽게 됩니다. 여우가 물고기를 물 밖으로 나오라고 유혹한 것 같이 사탄은 돈, 명예, 쾌락을 가지고 우리를 유혹합니다. 진리, 의, 참, 믿음에서 떠나라고 유혹합니다. 우리는 그 유혹을 용감하게 뿌리치기 위해 진리의 허리띠를 매고서야 합니다. 진리의 허리띠를 매지 않은 사람은 결코 그리스도의 참 군병이 될 수 없습니다. 우리는 진리로 허리띠를 띠고 "주여, 내가 진리에 섰사오니 나를 도우소서" 라고 기도할 수 있는 사람이 되어야 합니다. 그래야 영적 싸움에서 승리할 수 있습니다.

2. 의의 호심경

"의의 호심경을 붙이고"(14절 하반절). 호심경, 즉 흉배란 군인들이 갑옷 속에 넣어 자신의 가슴 부위를 보호하는 장비입니다. 우리의 가슴 속에 가장 중요한 장기들이 들어 있고 이 장기들을 갈빗대가 보호하고 있습니다. 성도는 이토록 중요한 가슴 부위를 적군의 창과 칼과 화살로부터 보호하기 위해 의의 호심경을 늘 붙이고 다녀야 합니다.

그러면 '의의 호심경'이란 무엇입니까? 데살로니가전서 5:8절을 봅시다. "우리는 낮에 속하였으니 정신을 차리고 믿음과 사랑의 호심경을 붙이고 구원의 소망의 투구를 쓰자." 즉, 호심경이란 믿음과 사랑을 의미합니다. 내 가슴 속에서 믿음이 식어버린 사람은 심장이 멎은 사람과 마찬가지이고, 사랑이 식어버린 사람은 체온이 싸늘하게 식은 사람과 마찬가지입니다. 심장이 멎고 체온이 식은 사람을 무엇이라 부릅니까? 시체, 송장이라 부릅니다. 교회를 열심히 다녀도 내 가슴속에 믿음이 없고 사랑이 식어 호심경이 떨어져 나갔으면, 살았다 하나 실상은 죽은 것입니다.

우리는 그리스도 예수를 믿음으로 의로워졌습니다. 우리는 그리스도의 놀라운 사랑을 받아 구원받았음에도 타인을 생각하는 배려와 사랑의 범위가 매우 제한적입니다. 보통은 가족에게로 국한되어 있죠. 호심경의 넓이가 좁다는 뜻입니다. 그렇게 되면 적군의 공격, 마귀가 쏘는 불화살의 표적이 됩니다. 여러분, 남을 사랑하는 것이 결국 나 자신을 사랑하는 것임을 잊지 마십시오. 돈이 없고 가난하여 여유 없이 사는 것보다도 사랑의 범주가 협소하여 여유 없이 사는 사람이 훨씬 더 불행합니다. 돈이 없는 것은 불행이 아니라 불편한 것입니다. 사랑이 없는 사람이 불행합니다. 불편과 불행은 서로 다릅니다. 돈이 없으면 택시 대신 버스를 타든지 걸어가야 합니다. 불편하지요. 그러나 사랑이 없는 가슴, 사랑이 없는 가정은 죽은 가슴, 죽은 가정이 되고 맙니다. 불행한 것이지요.

불편과 불행을 착각하고 혼동하지 마십시오. 많은 사람이 불편을 불행으로 착각하고 자신의 인생을 학대하며 살아가기도 합니다. 그리스도인은 예수를 믿음으로 의롭게 된 그 은혜에 감격하여 사랑의 범주를 확장, 확대해 결국 원수에게까지 나아가는 사람입니다.

임택진 목사님은 청량리교회 원로목사로 은퇴와 동시에 강동으로 이사하셨습니다. 목사님은 집을 자꾸 줄여 열 몇 평 아파트에 거주하셨습니다. 운동화를 신고 다니시며 모은 수입금을 장학금으로 전액 기탁하셨습니다. 목사님이 1970년대 초 환갑을 맞이했을 때 여전도회에서 금반지를 선물했습니다. 그때 목사님은 이렇게 말씀하셨습니다. "이런 반지를 처음 낍니다. 감사한 마음으로 받기는 하겠으나 계속 끼지는 못하겠습니다." 그 금반지를 낀 채로 도와줘야 할 가난한 성도의 가정에 심방하지도 못 하고 또 설교를 하지도 못할 것 같으니 계속 끼지 못하겠다는 말씀이었습니다. 그 말을 듣고 모두가 울었습니다. 임 목사님의 호심경의 크기가 어떻습니까?

우리가 의의 호심경이 크면 나를 보호함과 아울러 다른 사람까지 보호할 수 있게 됩니다. 우리의 의의 호심경을 넓힙시다. 우리의 사랑의 범주를 넓히며 삽시다. 사랑하는 여러분, 가슴을 넓히십시오.

그럴 때 감격이 있고, 사랑이 있고, 은혜의 눈물이 있습니다.

3. 평안의 복음의 신

15절입니다. "평안의 복음의 준비한 것으로 신을 신고." 평안은 화평, 화목, 평화, 화해입니다. 그리스도 안에서 성취된 복음은 하나님과 나를 화해시켰고, 나와 타인을 화해시켰습니다. 십자가를 지신 그리스도 안에서 하나님과 나, 그리고 너와 나 사이에 화해가 있습니다. 동시에 하나님과 화목케 된 사람은 이제 마귀와는 원수가 되어 영적 싸움을 하게 됩니다. 마귀와 화목한 사람은 하나님과 원수가 되어 하나님의 교회에 해 되는 일, 성도들에게 상처 입히는 일을 합니다.

하나님과 화목케 된 자는 이웃과 화목한 삶, 또 화평케 하는 삶을 살아야 합니다. 마태복음 5:9절은 말씀합니다. "화평케 하는 자는 복이 있나니 저희가 하나님의 아들이라 일컬음을 받을 것임이요." 우리는 화평케 하는 사람, 즉 피스메이커(Peace Maker)가 되어야 합니다. 주님이 화목과 평화의 사신으로 우리를 부르셨기 때문입니다. 주님은 우리에게 화목케 하는 직책을 주시고 화목케 하는 말씀을 부탁하셨습니다(고후 5:18-19).

우리는 지금 평안의 복음의 신발에 대해 말하고 있습니다. 신발은 한 사람의 이력 또는 행위를 나타냅니다. 모세에게 하셨던 '네 신을 벗으라'는 말씀은 근본적으로 이제 하나님의 종이 되라는 말씀이고 또 하나님의 종으로 살라는 말씀입니다. 옛 사람을 벗으라는 말씀입니다. 신던 신을 벗어야 새 신발을 신을 수 있습니다. 주님은 세상의 신발을 벗고 복음의 신발을 신으라고 말씀하십니다(롬 10: 15). 위선, 체면 등 유혹의 욕심을 따라 썩어져 가는 구습을 좇는 옛 사람을 벗고, 새 사람을 입으라고 명하십니다(엡 4:22-24).

4. 믿음의 방패

16절 상반절 입니다. "모든 것 위에 믿음의 방패를 가지고."

믿음이 무엇입니까? 믿음은 살아계신 하나님에 대한 전적인 신뢰, 전적 의뢰입니다. 믿음으로 산다는 것은 무엇입니까? 토레이 신부는 이렇게 정의했습니다. "믿음으로 사는 것이란 주님이 원하시면 무엇이나 하고, 주님이 원하시면 어디든지 가고, 주님이 원하시면 무엇이나 바치는 삶이다."

그런데 본문에서 믿음을 '방패'라고 한 이유는 무엇일까요? 그것은 그리스도를 믿는 믿음이 마귀의 불같은 시험을 물리치기 때문입니다. 그래서 찬송가 357장은 노래합니다. "믿음이 이기네 믿음이 이기네 주 예수를 믿음이 온 세상 이기네." 요한일서 5:4-5절을 봅시다. "대저 하나님께로서 난 자마다 세상을 이기느니라 세상을 이긴 이김은 이것이니 우리의 믿음이니라 예수께서 하나님의 아들이심을 믿는 자가 아니면 세상을 이기는 자가 누구뇨."

악한 자의 불화살(현대식으로 말하면 미사일)을 물리치기 위해서는 또한 늘 깨어 기도해야 합니다. 그래서 본문 18절은 말씀합니다. "모든 기도와 간구로 하되 항상 성령 안에서 기도하고 이를 위하여 깨어 구하기를 항상 힘쓰며 여러 성도를 위하여 구하고."

성경 다음으로 많이 읽힌 기독교 3대 고전 중 하나인 존 번연의 「천로역정」에 이런 대사가 나옵니다. "말을 많이 하기보다는 기도를 많이 하는 것이 낫다. 기도는 죄를 막아준다. 기도하지 않으면 죄가 우리를 막는다. 기도하는 마음은 은이나 금보다 귀하다. 그러므로 될 수 있는 한 자주 기도하라 기도는 영혼의 방패요 하나님께 드리는 아름다운 제사요 사탄을 물리치는 채찍이다." 기도보다 더 확실한 무기가 없습니다. 기도는 하나님의 능력이 나타나는 통로요, 모든 무장의 물림쇠 역할을 합니다. 따라서 기도 없는 승리는 하찮은 꿈에 불과합니다. 데살로니가전서 5:16-18절을 봅시다. "항상 기뻐하라, 쉬지 말고 기도하라, 범사에 감사하라." 기쁨과 감사 사이에 무엇이 있나요? 기도가 있습니다. 기도라는 기둥이 버티고 있습니다. 기도라는 기둥이 서 있을 때 내 마음 속에 기쁨이 있고, 환경과 처지를 초월한 감사가 있게 됩니다. 기도라는 기둥이 빠지게 되면 기쁨도, 감사도 사라지게 됩니다. 기도는 주님의 명령이요 하나님의 뜻임을 항상 잊지 마십시오. 주님은 우리 기도를 통해 역사하십니다 (겔 36:36-37). 치열한 전투의 현장에서 기도의 팔을 든 모세의 모습은 바로 승리의 모습입니다. 여러분은 기도의 팔을 들고 있습니까? 에스겔 36:36-37절은 말씀합니다. "나 여호와가 말하였으니 이루리라

나 주 여호와가 말하노라 그래도 이스라엘 족속이 이와 같이 자기들에게 이루어 주기를 내게 구하여야 할지라"(마 7:7-8, 11참조).

5. 구원의 투구

17절 상반절 입니다. "구원의 투구를 쓰고."

바울이 살던 1세기 당시 로마군대에서는 구리로 투구를 만들고 그 위에 가죽을 씌웠습니다. 투구는 병사의 머리를 보호하는 장비입니다. 데살로니가전서 5:8 하반절은 구원과 소망의 투구를 쓰도록 권면합니다. 투구는 곧 구원과 소망, 즉 구원의 소망입니다. 믿는 자는 어떠한 형편에서라도 자기 구원의 확신이 있어야 합니다. 누가 여러분을 보고 "당신 구원받았습니까?" 묻는다면 뭐라고 대답하시겠습니까? "네. 구원받았습니다"입니까? 아니면 "글쎄요…"입니까? 당신이 구원을 받았냐고 질문을 받을 때 자기 모습을 바라보지 말고 십자가를 바라보십시오. 믿음의 주요, 온전케 하시는 예수 그리스도를 바라보십시오. 이사야 53:5-6절을 보십시오. "그가 찔림은 허물 때문이요…" 또 베드로전서 2:24절을 보십시오. "친히 나무에 달려…" 그럴 때 그 질문에 대한 제대로 된 대답이 나올 것입니다.

모자(투구)는 신분을 나타냅니다. 성도는 구별된 자입니다. 여러분은 구별된 삶을 살고 있습니까? 하나님은 우리가 세상과 구분, 구별될 것을 원하십니다(고후 6: 14-7:1). 특별히 고린도후서 7:1절을 봅시다. "그런즉 사랑하는 자들아 이 약속을 가진 우리가 하나님을 두려워하는 가운데서 거룩함을 온전히 이루어 육과 영의 온갖 더러운 것에서 자신을 깨끗케 하자."

6. 성령의 검

17절 하반절 입니다. "성령의 검 곧 하나님의 말씀을 가지라."

지금까지 살핀 다섯 가지는 모두 방어용 무기이나, '성령의 검'(하나님의 말씀)은 유일하게 공격용 무기입니다. 하나님의 말씀으로 무장한 자만이 마귀의 계교와 세상의 유혹을 물리칠 수 있습니다. 히브리서 4:12절은 선포합니다. "하나님의 말씀은 살았고 운동력이 있어 좌우에 날 선 어떤 검보다 예리하여 혼과 영과 및 관절과 골수를 찔러 쪼개기까지 하며 또 마음의 생각과 뜻을 감찰하나니." 하나님의 말씀은 양날이 선 검입니다. 이 검으로 내 마음을 찢어야 합니다. 혼과 영과 및 관절과 골수를 찔러 쪼개서 그 속에 있는 죄악을 다 제거하는 철저한, 철두철미한 회개로 나가야 합니다.

본문(에베소서 6:17 상반절)은 하나님의 말씀이 사탄의 세력을 물리칠 수 있는 무기가 됨을 우리에게 분명하게 말씀하고 있습니다(계시록 19:21 참조). 성령께서는 말씀으로 역사하십니다. 말씀의 역사가 성령의 역사입니다. 그러므로 성령 충만은 말씀 충만이요 예수 충만입니다. 그러므로 우리는 날마다 성령의 조명하시는 은혜를 힘입어 하나님의 말씀을 즐거워하며 주야로 묵상하여 마음 판에 새기고 생각에 기록해야 합니다. 그렇게 마음 판에 새겨지고 생각에 기록된 말씀이 우리의 영적 무기가 됩니다(시 1:1-3 참조). 여호수아 1:8절은 평안과 형통을 말씀하면서 "이 율법책을 네 입에서 떠나지 말게 하며 주야로 그것을 묵상하여 그 가운데 기록한 대로 다 지켜 행하라 그리하면 네 길이 평탄하게 될 것이라 네가 형통하리라"고 말씀합니다. 이는 영적 전쟁에도 그대로 적용되는 말씀입니다.

●　○　○　●

여러분, 영적 전쟁은 지금도 계속되고 있습니다. 에베소서 6장이 가르쳐 주는 대로 하나님의 전신 갑주는 우리를 영적 전쟁에서 패배하지 않고 승리하게 해 주시고 또 우리가 영적으로 바로 서 있게 해 줍니다. 하나님의 전신 갑주를 입어 영적 전쟁에서 넉넉히 승리하는 저와 여러분 되시기를 주님의 이름으로 축원합니다.

"이 모든 일에 우리를 사랑하시는 이로 말미암아 우리가 넉넉히 이기느니라!"(롬 8:37) 아멘!

제11장

토기장이

여호와께로부터 예레미야에게 임한 말씀에 이르시되
너는 일어나 토기장이의 집으로 내려가라 내가 거기에서
내 말을 네게 들려 주리라 하시기로 내가 토기장이의 집으로 내려가서
본즉 그가 녹로로 일을 하는데 진흙으로 만든 그릇이 토기장이의 손에서
터지매 그가 그것으로 자기 의견에 좋은 대로 다른 그릇을 만들더라
그 때에 여호와의 말씀이 내게 임하니라 이르시되 여호와의 말씀이니라
이스라엘 족속아 이 토기장이가 하는 것 같이
내가 능히 너희에게 행하지 못하겠느냐 이스라엘 족속아
진흙이 토기장이의 손에 있음 같이 너희가 내 손에 있느니라(렘 18:1-6)

베드로전서 2:9절은 말씀합니다. "오직 너희는 택하신 족속이요, 왕 같은 제사장들이요, 거룩한 나라요 주의 소유된 백성이라!" 사랑하는 여러분, 여러분이 택하신 족속인 줄 믿으십니까? 왕 같은 제사장인줄 믿으십니까? 믿음의 조상 아브라함이 받은 가장 큰 복은 바로 택함을 받은 것입니다. 우리 또한 택함 받은 복으로 인해 이 자리에서 아버지 하나님께 예배드리고 있음을 감사하시기 바랍니다. 하나님이 아브라함에게 말씀하셨습니다. "내가 너로 큰 민족을 이루고 네게 복을 주어 네 이름을 창대케 하리니 너는 복의 근원이 될지라

라"(창 12:2-3) 예수 그리스도를 믿는 우리는 아브라함과 함께 복을 받습니다.

우리를 택하신 하나님 아버지는 우리를 빚으십니다. 우리가 하나님의 뜻과 목적에 합하게 행할 수 있도록, 예수 그리스도를 닮도록 우리를 빚으십니다. 토기장이가 토기를 빚듯 우리를 빚으십니다. 이스라엘 백성들은 고백했습니다. "여호와여 주는 우리 아버지시니이다 우리는 진흙이요 주는 토기장이시니 우리는 다 주의 손으로 지으신 것이라"(사 64:8). 여기서 주님을 '토기장이'로 호칭하는데요. 오늘은 하나님의 토기장이 되심에 대해 같이 말씀을 살피겠습니다.

성경은 하나님과 우리의 관계를 토기장이와 진흙의 관계로 종종 비유합니다. "주께서 내 장부를 지으시며 나의 모태에서 나를 조직하셨나이다 내 형질이 이루기전에 주의 눈이 보셨으며 나를 위하여 정한 날이 하나도 되기 전에 주의 책에 다 기록되었나이다"(시 139:13).

히브리어로 "토기장이"를 '요쩨르'라고 하는데 이 단어는 "창조자"로 번역되기도 합니다. 토기장이의 비유를 묵상해 보면, 토기장이가 토기를 만드는 과정이 하나님이 그의 백성을 빚어 가시는 과정과 상당히 흡사함을 알게 됩니다. 토기를 만들어가는 과정을 통해 토기장이의 성격, 기술, 상상력을 잘 볼 수 있습니다. 그런 뜻에서 토기는 사실 토기장이 자신을 표현합니다. 우리를 빚으시는 토기장이는 바로 하나님이십니다. 그리고 토기 된 우리는 토기장이이신 하나님을 표현하며 토기장이이신 하나님을 제대로 잘 표현해야 할 중대하고 고귀한 사명을 부여 받았습니다!

우리가 하나님의 형상을 닮은 하나님 자신의 표현임을 성경은 확증합니다. 창세기 1:27-28절을 봅시다. "하나님이 자기 형상 곧 하나님의 형상대로 사람을 창조하시되 남자와 여자를 창조하시고 하나님이 그들에게 복을 주시며 그들에게 이르시되 생육하고 번성하여 땅에 충만하라 땅을 정복하라 바다의 고기와 공중의 새와 땅에 움직이는 모든 생물을 다스리라 하시니라." 우리는 하나님께서 만드신 후 매우 흡족하게 여기신 하나님의 걸작품입니다. "보시기에 좋았더라"고 하셨습니다. 지금 이 시간도 예배드리는 우리들을 보시고는 "보시기에 심히 좋다"라고 하실 것입니다.

처음에는 아무 모양도 없던 거친 진흙덩이가 토기장이의 손으로 반죽 되면서 부드럽게 바뀝니다. 토기장이의 손에서 형태가 이루어지고 구워진 후 아름답고 귀하게 쓰임 받는 토기가 됩니다. 거친 진흙덩이가 아름답고 귀한 토기가 되어가는 단계들을 염두에 두면서 하나님이 우리 인생을 빚어 가시는 신비한 과정을 같이 묵상하여 은혜를 나누고자 합니다. 토기 완성에 필요한 아홉 단계에 따라 이 과정을 살피도록 하겠습니다.

첫째, 재료준비입니다.

토기의 재료는 무엇일까요? 인간의 재료는 무엇일까요? 창세기 2:7절입니다. "여호와 하나님이 흙으로 사람을 지으시고 생기를 그 코에 불어넣으시니 사람이 생령이 된지라." 토기장이가 양질의 진흙을 택하여 땅에서 취하여 내면서 토기를 빚는 첫 작업이 시작됩니다. 토기장이는 차갑고 습기 있는 진흙탕에서 흙을 떠서 옮겨 놓습니다. 누가 택한 겁니까? 토기장이입니다. 이사야 43:1절입니다. "너를 구속하였고, 내가 너를 지명하여 불렀나니 너는 내 것이라." "너희가 나를 택한 것이 아니요 내가 너희를 택하여 세웠나니 이는 너희로 가서 과실을 맺게 하고 또 너희 과실이 항상 있게 하여 내 이름으로 아버지께 무엇을 구하든지 다 받게 하려 함이니라"(요 15:16).

그때부터 진흙의 새로운 삶이 시작됩니다. 마치 우리가 세상과 구별되어 예수 그리스도 안에서 새로운 삶이 시작되는 것과 같습니다. 그래서 고린도후서 5:10절은 말씀합니다. "그런즉 누구든지 그리스도 안에 있으면 새로운 피조물이라 이진 것은 지나갔으니 보라 새것이 되었도다." 성도는 구별된 자입니다.

거룩이란 구별되었다는 뜻, 다르다는 뜻입니다. 진흙을 택하여 취함 같이 어두움과 혼돈과 깊음 중에 있던 우리를 거룩한 하나님의 거룩하신 빛 가운데로 구별해 내신 삶을 예표 합니다. 골로새서 1:13-14절은 말씀합니다. "그가 우리를 흑암의 권세에서 건져내사 그의 사랑의 아들의 나라로 옮기셨으니 그 아들 안에서 우리가 구속 곧 죄사함을 얻었도다."

그러므로 우리는 구분된 거룩한 삶, 구별된 삶, 새로운 피조물의 삶을 살아야 합니다. 왜냐하면 우리는 살아계신 하나님의 성전이기 때문입니다. 고린도전서 6:19-20절은 말씀합니다. "너희 몸은 너희가 하나님께로부터 받은 바 너희 가운데 계신 성령의 전인 줄을 알지 못하느냐 너희는 너희의 것이 아니라 값으로 산 것이 되었으니 그런즉 너희 몸으로 하나님께 영광을 돌리라."

애써 진흙을 구해 옮겨 놓은 것만으로 그릇 만들 재료가 되지 않습니다. 토기장이는 진흙을 물로 깨끗이 씻습니다. 온갖 불순물이 섞여 있기 때문입니다. 씻는 과정을 통해 온갖 불순물을 다 제거해야 다음 공정을 준비할 수 있습니다. 이와 마찬가지로 사람이 성령의 능력을 통해서 하나님께 선택받았다 하더라도 곧장 천국 백성이 되는 것이 아닙니다. 천국 백성이 되기 위해서는 무엇보다도 먼저 씻는 단계를 거쳐야 합니다. 씻는 단계는 회개의 단계를 의미합니다. 회개 없이 하나님 앞에 설 인생은 하나도 없기 때문입니다. 천국 현판에는 "오직 회개한 자"라고 적혀있다고 마틴 루터는 말했습니다.

회개는 돌아서는 것입니다. 하나님께로 방향을 전환하는 것이요, 십자가를 지고 주님을 따르는 것이며, 회개에 합당한 열매를 맺는 것입니다. 아무리 입으로 회개해도 삶에 회개의 열매가 없다면 아무 소용이 없습니다.

우리의 죄와 허물을 진정으로 자백하면 예수 그리스도의 십자가 보혈로 씻음을 받게 됩니다. 그러면 성령님이 믿고 회개한 사람들을 새롭게 해주십니다. 그래서 요한일서 1:9절은 "만일 우리 죄를 자백하면 저는 미쁘시고 의로우사 우리 죄를 사하시며 모든 불의에서 우리를 깨끗게 하실 것이요"라고 말씀합니다. 모든 성도는 예수님의 보혈로 씻음을 받아야 하고, 성령님으로 거룩함을 입어야 하고, 말씀으로 깨끗함을 입어야 합니다.

> 너희는 내가 일러준 말로 이미 깨끗하였으니(요 15:3)
>
> 너희가 진리를 순종함으로 너희 영혼을 깨끗하게 하여 거짓이 없이 형제를 사랑하기에 이르렀으니 마음으로 뜨겁게 피차 사랑하라(벧전 1:22)

오늘날 수많은 사람들이 예수 믿고 구원받았다고 하면서도 예수 그리스도의 십자가 보혈의 능력을 믿지 않고 성령님의 역사를 부인하고, 하나님 말씀 대신 세상적인 것으로 심령을 채워 놓습니다. 이러한 사람들은 아무리 오랫동안 교회에 다녔다고 하더라도 불순물이 가득한 진흙에 지나지 않으므로 하나님이 쓰시기에 합당한 그릇으로 빚으실 수 없습니다. 성도가 이런 씻음의 과정을 체험했다고 해서 신앙생활의 세계에 완전히 들어왔다고 생각하면 안 됩니다. 그릇이 되려면 또 다른 단계들을 거쳐야만 합니다. 진흙을 취하여 씻고 그 다음엔 반죽하기 위해 곱게 가루로 만듭니다.

진흙이 정결케 되었더라도 이것으로는 그릇을 만들 수 없습니다. 단단한 진흙덩어리들이 마구 뒤섞여 있기 때문에 씻은 진흙을 빻고, 깨뜨려 곱게 가루로 만들어야 합니다. 그럴 때 진흙이 사람이라면 어떻게 할까요? 아프다고 고함칠 것입니다. 그러나 단단한 덩어리가 부숴 지지 않고, 깨지지 않고는 결코 그릇이 될 수 없습니다. 이와 마찬가지로 하나님은 예수 그리스도를 영접하고 주님의 보혈로 씻음 받고, 성령님으로 거룩해지고, 말씀으로 깨끗함을 입은 사람이라도 하나님이 쓰시기에 합당한 그릇으로 만드시기 위해서는 그 사람을 반드시 깨뜨리십니다. 진흙에 덩어리가 있듯이 사람에게는 자아, 탐욕, 아집, 이론, 생각의 덩어리가 있습니다. 이런 것들을 그대로 가지고는 하나님께 쓰임 받을 수 없으므로 하나님은 성도들 안에 있는 자아, 체면, 탐욕, 아집, 이론, 생각, 불순종, 불신앙을 철저하게 깨뜨리십니다. 혼적이고 육적인 겉 사람을 깨뜨리고 부셔야 속사람이 겉 사람을 지배하고 하나님과 교통이 이루어집니다. 이 덩어리를 깨뜨리기 위해, 부수기 위해 예수님이 십자가에서 보혈을 흘려주신 것입니다. 그러므로 우리의 겉 사람을 십자가에 못 박아야 합니다. 그리고 십자가에서 내가, 자아가, 겉 사람이 죽어야 합니다. 그래서 갈라디아서 5:24절은 "그리스도 예수의 사람들은 육체와 함께 그 정과 욕심을 십자가에 못박았느니라"고 말씀합니다.

토기장이가 사정없이 진흙을 빻고 깨뜨리듯 하나님은 성도들을 그릇으로 만드시기 위해 환경에 고난을 허락하셔서 깨뜨리십니다. 그러므로 믿는 자들은 평안과 기쁨과 의를 느끼는 반면 처절한 고난도 고통도 체험합니다. 성도는 고난과 고통을 통해 깨어질 때 좋은 그릇이 될 수 있습니다.

아울러 깨어짐의 과정을 통해 순종을 배웁니다. 아브라함은 75세에 택함을 받고 25년 동안 깨어진 후 독자 이삭을 얻었습니다. 그 후 독자를 번제로 바치라는 하나님의 명령에도 순종할 수 있었습니다. 모세는 광야에서 40년간 깨어진 후 하나님께 쓰임 받는 도구가 되었습니다. 다윗은 장인에 의해 깨지고 부서졌습니다. 15년 동안 도망자 신세였지만 통일 이스라엘의 왕이 되었습니다.

둘째, 반죽입니다.

반죽은 무엇으로 합니까? 물로 합니다. 물은 무엇을 의미합니까? 바로 성령입니다. 그러므로 인간은 성령의 도움이 없으면 아무것도 할 수 없는 존재임을 잊지 말아야 합니다.

> 그가 내게 일러 가로되 여호와께서 스룹바벨에게 하신 말씀
> 이 이러하니라 만군의 여호와께서 말씀하시되 이는 힘으로
> 되지 아니하며 능으로 되지 지 아니하고 오직 나의 신으로
> 되느니라(슥 4:6)

만일 너희 속에 하나님의 영이 거하시면 너희가 육신에 있지 아니하고 영에 있나니 누구든지 그리스도의 영이 없으면 그리스도의 사람이 아니라(롬 8:9)

왜 그렇습니까? 고린도후서 1:22절입니다. "저가 또한 우리에게 인치시고 보증으로 성령을 우리 마음에 주셨느니라."

반죽하는 작업은 토기를 만드는 과정 중에서 가장 시간도 많이 걸리고 힘이 듭니다. 쇳조각은 자석으로 제거하고, 잔 나뭇가지나 돌, 기타 여러 가지 불순물을 손으로 직접 골라내면서 반죽하며 기포도 다 없애야 합니다. 기포가 남아 있으면 나중에 불에 구울 때 기포가 팽창해서 그릇이 깨져 버리기 때문입니다. 그러므로 작은 불순물이나 기포까지 완전히 없어지도록 세밀하게 반죽해야 합니다. 토기는 단지 토기장이의 표현만이 아닙니다. 토기 하나가 빚어질 때 토기장이의 정성과 창조력은 물론이고, 실제로 차가운 진흙을 빚을 때 토기장이의 몸에 있는 에너지와 체온까지 진흙으로 스며듭니다. 토기장이의 체온을 받은 진흙은 부드러워져 토기장이가 다루기 쉽게 변화됩니다. 그래서 토기는 토기장이의 표현인 동시에 그의 생명이 깃들어 있는 존재입니다.

사랑하는 여러분, 여러분 안에 주님의 생명이 있습니까? 그 생명이 여러분을 통해 나타나고 있습니까? 요한일서 5:12절은 말씀합니다. "아들이 있는 자에게는 생명이 있고, 하나님의 아들이 없는 자에게는 생명이 없느니라." 요한복음 14:6절에서 주님은 "내가 곧 길이요 진리요 생명"이라고 선포하셨습니다.

반죽하는 작업은 토기장이의 진액과 체온까지 진흙에 스며들게 합니다. 수차례 반복하여 누르고 당기는 반죽 과정에서 진흙덩이 속에 보이지 않는 여러 겹들이 생겨 토기의 재질을 강하게 합니다. 토기장이들이 어떤 작품구상이 떠올라도 일의 시작을 자꾸 미루는 이유는 반죽하는 작업이 가장 힘들기 때문이라고 합니다. 반죽이 끝나면 자루에 넣어 수분을 짜냅니다. 하나님이 우리를 빚으시기 시작하실 때 우리도 비슷한 경험을 하게 됩니다. 차갑고, 어두웠던 진흙탕에서 건져진 진흙처럼 우리는 어두움에서 구원되어 하나님의 빛을 경험합니다. 그러나 곧 하나님이 누르고 당기시는 일을 계속하실 때 우리의 삶은 힘들고 어렵게 느껴지기 시작합니다. 그럴 때 하나님의 손길에 우리 자신을 그대로 맡겨드리는 것은 우리가 해야 할 가장 중요한 일입니다. 그래서 시편 37:5-6절은 말씀합니다. "너의 길을 여호와께 맡기라 저를 의지하면 저가 이루시고 네 의를 빛같이 나타내시며 네 공의를 정오의 빛같이 하시리로다."

우리는 다 빚어지기까지 주님 손 안에 머물러 있어야 합니다. 주님은 포도나무요 우리는 가지입니다. 가지는 나무에 붙어있어야만 열매를 맺습니다. 우리는 주님을 떠나서는 아무것도 할 수 없습니다. 그래서 시편기자는 고백합니다. "내가 주의 신을 떠나 어디로 가며 주의 앞에서 어디로 피하리이까 내가 하늘에 올라갈지라도 거기

계시며 음부에 내 자리를 펼지라도 거기 계시니이다 내가 새벽 날개를 치며 바다 끝에 가서 거할지라도 곧 거기서도 주의 손이 나를 인도하시며 주의 오른손이 나를 붙드시리이다"(시 139:7-10).

그러면 우리는 언제까지 기다려야 합니까? 주님이 이제는 그릇을 만들 수 있겠다고 생각하실 때까지, 주님의 때까지 기다려야 합니다. 성경은 범사에 기한이 있고 모든 목적이 이룰 때가 있다고 말씀합니다(전 3:1).

셋째, 중심 비우기입니다.

반죽이 다 끝나면 진흙덩이의 중심을 잡아야 합니다. 토기장이는 두 손으로 반죽된 진흙덩이를 조심스레 반죽 판에서 들어 올려 둥근 공 모양을 만들어 녹로의 중심에 올려놓고 녹로를 돌리면서 중심을 잡습니다. 정확히 중심이 잡혔는지 알기 위해 나무바늘을 사용한 후에 돌아가는 진흙뭉치의 중심에 엄지손가락을 넣어 가운데를 비우기 시작합니다. 이때 조금만 치우쳐도 그릇이 균형을 잃게 됩니다. 토기장이는 점점 중심을 넓혀가며 그릇의 벽을 세웁니다. 녹로를 빨리 돌리면 원심력으로 인해 진흙이 바깥쪽으로 밀려나며 가운데 공간은 점점 더 넓어집니다. 하나님도 우리의 중심을 올바로 열기 원하십니다. 중심을 재는 나무바늘처럼 하나님의 말씀은 우리 삶의 참된 기준이 됩니다. 그래서 신명기 6:6-9절은 말씀합니다. "오늘날 내가 네게 명하는 이 말씀을 너는 마음에 새기고 네 자녀에게 부지런히 가르치며 집에 앉았을 때에든지 길에 행할 때에든지 누웠을 때에든지 일어날 때에든지 이 말씀을 강론할 것이며 너는 또 그것을 네 손목에 매어 기호를 삼으며 네 미간에 붙여 표를 삼고 또 네 집 문설주와 바깥 문에 기록할지니라.”

진흙이 그 중심을 계속 메우고 있으면 그릇이 되지 못하듯이 우리의 중심을 주님께 비워드리지 않으면 주님이 쓰실 그릇이 될 수 없습니다. 중심을 비워드리기 위해 우린 회개해야 합니다. 심령의 돌들을, 불순물을 제거해야 합니다. 먼저 주님께 고백하고 예수 그리스도의 십자가 보혈로 깨끗이 씻고 참마음과 온전한 믿음으로 하나님께 나아가 우리의 중심을 주님께 비워드려야 합니다. 육적인 것을 비워야 영적인 것을 담을 수 있습니다.

여러분, 녹로가 빨리 돌아갈 때는 정신을 차리기 힘들 정도로 어렵습니다. 숨이 턱에 찹니다. “그러므로 근신하라 깨어라 너희 대적 마귀가 우는 사자와 같이 두루다니며 삼킬 자를 찾나니 너희는 믿음을 굳게 하여 저를 대적하라 그리하면 너희를 피하리라”(약 4:7).

그러나 그 과정을 통해 우리 안에 하나님이 쓰실 공간이 넓어집니다. 그래서 마태복음 5:3절은 “심령이 가난한 자는 복이 있나니 천국이 저희 것임이요"라고 말씀하며 마태복음 5:8절은 “마음이 청결한 자는 복이 있나니 저희가 하나님을 볼 것임이요”라고 선포합니다. 우리가 토기로 빚어지기 위해 첫째는 재료로 준비되고, 둘째 반죽되고, 셋째, 중심이 비워져야 한다고 말씀드렸습니다.

넷째, 그릇 모양으로 빚기입니다.

중심을 비우는 과정이 끝나면 그릇의 모양을 만들어 갑니다. 이때가 토기장이와 진흙 사이에 갈등이 생기기 쉬운 때입니다. 진흙이 토기장이의 뜻대로 따라주지 않을 때가 있습니다. 토기장이는 진흙을 바깥으로 벌렸다가 안으로 끌어들여 꽃병을 만들려고 하는데 진흙은 사발이 되려고 합니다. 이런 때는 토기장이의 마음도 상합니다. 계속 애를 쓰는데도 원하는 그릇이 되지 않는다면 진흙을 내버리거나 다른 그릇을 만들어야 합니다. 우리는 자주 하나님이 우리를 빚으시는 손길을 방해합니다. 어떤 종류의 그릇은 되지 않겠다고 저항하기도 합니다. "하나님, 나는 이러이러한 사람이 되어 주님을 섬기겠습니다" 하며 우리의 생각을 고집합니다. 고집을 내세우는 것은 하나님의 계획을 신뢰하지 못하기 때문입니다.

벙어리 귀신들린 아이의 아버지는 "무엇을 하실 수 있거든 우리를 불쌍히 여기사 도와주옵소서"라고 했습니다. 그러자 주님은 "할 수 있거든이 무슨 말이나 믿는 자에게는 능치 못할 일이 없느니라"(막 9:23)고 하셨습니다. 그러자 아이의 아버지는 "내가 믿나이다 나의 믿음 없는 것을 도와주소서!"라고 고백합니다.

성경은 이러한 완고함을 책망합니다. "순종이 제사보다 낫고 듣는 것이 수양의 기름(제사)보다 나으니 이는 거역하는 것은 사술의 죄(점치는 행위)와 같고 완고한 것은 사신 우상에게 절하는 죄와 같음이라 왕이 여호와의 말씀을 버렸으므로 여호와께서도 왕을 버려 왕이 되지 못하게 하셨나이다"(삼상 15:22). "이 사람아 네가 뉘기에 감히 하나님을 힐문하느뇨 지음을 받은 물건이 지은 자에게 어찌 나를 이같이 만들었느냐 말하겠느뇨 토기장이가 진흙 한 덩이로 하나는 귀히 쓸 그릇, 하나는 천히 쓸 그릇을 만드는 권이 없느냐"(롬 9:20-21).

무엇을 말씀합니까? 바로 하나님의 절대 주권입니다. 토기장이 비유가 담고 있는 메시지는 백성에 대한 하나님의 절대 주권입니다. 주님은 우리를 향한 선하신 계획을 가지고 계십니다. 하나님은 그 뜻대로 부르심을 입은 자들에게 모든 것이 합력하여 선을 이루도록 역사하십니다. "우리가 알거니와 하나님을 사랑하는 자 곧 그 뜻대로 부르심을 입은 자들에게는 모든 것이 합력하여 선을 이루느니라"(롬 8:28).

그러므로 우리를 어떻게 빚으시든지, 어떻게 사용하시든지 감사해야 합니다. 충성해야 합니다. "아멘!"해야 합니다. "아멘"할 때 하나님께 영광을 돌리게 됩니다(고후 1:20). 하나님이 어떻게 쓰시든지 개의치 말아야 합니다. 외형적으로 귀하다, 혹은 천하다는 구분은 인간적인 기준입니다. 우리는 다만 하나님 앞에 깨끗한 그릇이 되면 충분합니다. 깨끗한 그릇은 주인이 보시기에 귀하고 예비된 그릇입니다. "큰 집에는 금과 은의 그릇이 있을 뿐 아니요 나무와 질그릇도 있어 귀히 쓰는 것도 있고 천히 쓰는 것도 있나니 그러므로 누구든지 이런 것에서 자기를 깨끗하게 하면 귀히 쓰는 그릇이 되어 거룩하고 주인의 쓰심에 합당하며 모든 선한 일에 예비함이 되리라"(딤후 2:20-21).

우리는 나중에 하늘나라에서 아마 의외의 일을 보게 될 지도 모릅니다. 아니, 의외의 일을 보게 될 것입니다. 천국에서 하나님 가장 가까이 있는 사람들은 우리가 잘 알고 기대했던 유명한 사람들이 아닐 수도 있습니다. 아마 하나님이 자신을 어떻게 빚으시든지 상관하지 않고 순종했던 사람들이 그곳에 있을 것입니다. 주여, 무명한 자 같으나 유명한 자요, 가난한 자 같으나 많은 사람을 부하게 하는 자요 아무것도 없는 자 같으나 모든 것을 가진 자 되게 하옵소서! "무명한 자 같으나 유명한 자요 죽는 자 같으나 보라 우리가 살고 징계를 받는 자 같으나 죽임을 당하지 아니하고 근심하는 자 같으나 항상 기뻐하고 가난한 자 같으나 많은 사람을 부요하게 하고 아무것도 없는 자 같으나 모든 것을 가진 자로다"(고후 6:9-10).

다섯째, 건조 작업입니다.

모양이 만들어지면 토기를 보자기에 느슨하게 싸서 그늘지고, 통풍이 잘 되는 선반에 올려놓고 말리기 시작합니다. 토기는 서서히 말라가면서 굳어집니다. 가끔 토기장이가 잘 마르는지 들여다보기는 하지만 말라가는 진흙은 토기장이의 손길을 느낄 수 없습니다. 우리도 하나님의 손길을 느낄 수 없는 상태로 버려진 것 같이 느껴질 때가 있습니다. "그런데 내가 앞으로 가도 그가 아니 계시고 뒤로 가도 보이지 아니하며 그가 왼편에서 일하시나 내가 만날 수 없고 그가 오른편으로 돌이키시나 뵈올 수 없구나"(욥 23:8-9).

그러나 토기장이는 다음 과정으로 가기 위하여 마르기를 기다립니다. 우리도 기다려야 응답하십니다.

> 내가 여호와를 기다리고 기다렸더니 귀를 기울이사 나의 부르짖음을 들으셨도다 나를 기가 막힐 웅덩이와 수렁에서 끌어 올리시고 내 발을 반석 위에 두사 내 걸음을 견고케 하셨도다(시 40:1-2)
>
> 나의 가는 길을 오직 그가 아시나니 그가 나를 단련하신 후에는 내가 정금같이 나오리라(욥 23:10)

여섯째, 문양새기기와 다듬기입니다.

토기가 거의 말랐을 때 원하는 문양을 새겨 넣습니다. 적절한 시기에 잘 새겨진 문양들은 토기 하나하나를 향한 토기장이의 특별한 사랑이며, 섬세한 표현입니다. 사도바울은 "내가 내 몸에 예수의 흔적을 가졌노라"(갈 6:17)고 고백하고 있습니다. 여러분께 묻겠습니다. 여러분은 예수의 흔적을 가졌습니까?

문양 새기기를 마치면 날카로운 칼로 그릇의 겉면에 튀어나왔거나 거친 부분을 섬세하게 깎고 다듬고 문질러서 곱게 해줍니다. 우리에게도 그릇의 모양은 가졌지만 구석구석 옛 성품의 거칠고 모난 모습을 볼 수 있습니다. 하나님은 우리가 모난 상태로 굳어지는 것을 원치 않으시기 때문에 우리를 연단하십니다. 정원사의 가위가 나무를 아프게 하지만 나무에게 유익한 것과 마찬가지입니다. "도가니는 은을 풀무는 금을 연단하거니와 여호와는 마음을 연단하시느니라"(잠 17:3).

일곱째, 초벌구이입니다.

유액을 바르기 전에 불에 굽는 과정을 초벌구이라 합니다. 불을 통과하는 것은 참된 변화가 일어나기 위함입니다. 지금까지처럼 젖은 흙이 마르고 형태가 변하는 물리적인 변화가 아니라 본질적이고 화학적인 변화가 불 속에서 일어나게 됩니다. 온도가 섭씨 200도에서 400도에 이르면 진흙 속의 불순물들이 분해되면서 소각되고, 온도가 450도에서 600도에 이르면 진흙 속에 결합되어 있던 물 분자들이 떨어져 나가고, 900도에 이르면 불순물들이 완전히 소각되고, 토기에 있는 크리스탈 성분들이 녹아서 그릇의 각 입자들을 하나로 연결해줌으로 토기가 내부에서부터 하나가 됩니다. 이 변화는 새로운 피조물의 본질적 변화를 말합니다. "그런즉 누구든지 그리스도 안에 있으면 새로운 피조물이라 이전 것은 지나갔으니 보라 새것이 되었도다"(고후 5:17).

또한 불을 통과함으로써 그 동안 진흙이 지나온 과정과 토기장이의 공력을 시험하게 됩니다. 혹시 반죽하는 과정에서 불순물이나 기포가 남아있었다면, 불 속에서 팽창하여 깨지거나 금이 갑니다. 충분히 반죽하지 않았을 경우 속의 팽창, 수축의 과정을 견디지 못할 뿐 아니라 잘못된 디자인이나 모양들도 그대로 영영 굳어져 버립니다. 그러므로 불로써 시험할 때, 하나님이 우리를 다루실 때 하나님의 손에 온전히 순종해야 합니다. "사랑하는 자들아 너희를 시련하려고 오는 불 시험을 이상한 일 당하는 것같이 이상히 여기지 말고 오직 너희가 그리스도의 고난에 참예하는 것으로 즐거워하라 이는 그의 영광을 나타내실 때에 너희로 즐거워하고 기뻐하게 하려 함이라"(벧전 4:12-13).

여덟째, 유액 바르기입니다.

불에 구워낸 그릇은 완전히 갈한 상태가 됩니다. 이 때 유액을 바릅니다. 이렇게 갈한 상태에서 유액을 바르면 토기의 깊숙한 곳까지 스며들어 토기의 갈증을 채워 줍니다. 하나님은 사모하는 영혼을 만족케 하시며 주린 영혼에게 좋은 것으로 채워주십니다. 아멘입니까? 주님은 이 유액과 같은 생명의 물, 생수를 우리에게 주십니다. 그래서 주님은 말씀하십니다. 요한복음 4:14절입니다. "내가 주는 물을 먹는 자는 영원히 목마르지 아니하리니 나의 주는 물은 그 속에서 영생하도록 솟아나는 샘물이 되리라." "명절 끝날 곧 큰 날에 예수께서 서서 외쳐 가라사대 누구든지 목마르거든 내게로 와서 마시라 나를 믿는 자는 성경의 이름과 같이 그 배에서 생수의 강이 흘러나리라"(요 8:37-38).

재료를 준비하고 반죽을 하고 중심을 비우고 그릇 모양으로 빚어 건조시키고 문양을 새기고 초벌구이를 하고 유약을 바르고 나면 마지막 단계에 이르게 됩니다.

마지막으로 아홉째, 재벌구이입니다.

토기는 재벌구이로 완성됩니다. 섭씨 1000도가 넘는 맹렬한 불 속에 다시 집어넣어 구울 때, 고난의 풀무를 통과할 때 유액과 토기는 완전히 하나가 됩니다. 그래서 물을 뿌리고 부어도 흡수되지 않습니다. 완성된 그릇은 영원히 갈증이 없기 때문입니다. 마찬가지로 온전히 하나님께 다루어진 사람은 더 이상 목마르지 않습니다. 내가 주안에, 주가 내 안에 있는 사람은 영원히 목마르지 않습니다. 그래서 시편 119:71절은 말씀합니다. "고난당한 것이 내게 유익이라 이로 인하여 내가 주의 율례를 배우게 되었나이다." 시편 66:10-12절입니다. "하나님이여 주께서 우리를 시험하시되 우리를 단련하시기를 은을 단련함같이 하셨으며 우리를 끌어 그물에 들게 하시며 어려운 짐을 우리 허리에 두셨으며 사람들로 우리 머리 위로 타고 가게 하셨나이다 우리가 불과 물을 통행하였더니 주께서 우리를 끌어내사 풍부한 곳에 들이셨나이다."

그리고 이제 하나님이 보화를 완성된 토기, 질그릇 안에 넣으십니다. 이 보화가 무엇입니까? 바로 예수 그리스도입니다. 그래서 고린도후서 4:7절은 말씀합니다. "우리가 이 보배를 질그릇에 가졌으니 이는 능력의 심히 큰 것이 하나님께 있고 우리에게 있지 아니함을 알게 하려함이라."

여러분께 묻겠습니다. 보배를 가지셨습니까? 정말로 여러분은 참된 보배를 가지셨습니까? 예수 그리스도는 우리의 영원하고 참된 보배입니다. 그 안에 지혜와 지식의 모든 보화가 감추어 있습니다. 그래서 사도 바울은 그리스도를 얻고 그 안에서 발견되기 위하여 유익하던 것까지 해로 여기고 배설물로 여겼습니다. 빌립보서 3:7-9절을 봅니다. "그러나 무엇이든지 내게 유익하던 것을 내가 그리스도를 위하여 다 해로 여길뿐더러 또한 모든 것을 해로 여김은 내 주 예수 그리스도를 아는 지식이 가장 고상함을 인함이라 내가 그를 위하여 모든 것을 잃어버리고 배설물로 여김은 그리스도를 얻고 그 안에서 발견되려 함이니."

사랑하는 여러분, 믿음은 참되고 영원한 보배이신 주님이 내 안에 계심을 붙잡는 것입니다. 내 안에서 계신 참되고 영원한 보배, 주예수 그리스도께 의탁하고 그의 십자가와 부활을 의지하며 그에게 순전하게 의존하는 것입니다. 고린도후서 13:5절은 오늘도 우리를 깨우칩니다. "너희가 믿음에 있는가 너희 자신을 시험하고 너희 자신을 확증하라 예수 그리스도께서 너희 안에 계신 줄을 너희가 스스로 알지 못하느냐 그렇지 않으면 너희가 버리운 자니라."

• • • •

이제 말씀을 마치겠습니다. 우리 모두는 토기장이이신 하나님의 손으로 빚어져 가는 그릇이요, 또는 이미 만들어져 사용되는 토기들입니다. 우리 모두는 하나님의 영광을 위해 사용되는 그릇이 되어야 합니다. 고린도전서 10:31절은 말씀합니다. "그런즉 너희가 먹든지 마시든지 무엇을 하든지 다 하나님의 영광을 위하여 하라."

사랑하는 여러분 모두가 하나님께서 귀히 쓰는 그릇이 되어 주님과 사람 앞에서 은총과 귀중히 여김을 받으시기를 영원한 보배 주예수 그리스도의 이름으로 축원합니다.

제12장

감사함으로

온 땅이여 여호와께 즐거운 찬송을 부를지어다
기쁨으로 여호와를 섬기며 노래하면서 그의 앞에 나아갈지어다
여호와가 우리 하나님이신 줄 너희는 알지어다
그는 우리를 지으신 이요 우리는 그의 것이니 그의 백성이요
그의 기르시는 양이로다 감사함으로 그의 문에 들어가며
찬송함으로 그의 궁정에 들어가서 그에게 감사하며
그 이름을 송축할지어다 대저 여호와는 선하시니 그 인자하심이
영원하고 그 성실하심이 대대에 미치리로다(시편 100:1-5)

오늘은 감사절주일예배로 드립니다. 성경은 인류의 타락 이후부터 역사의 종말(그리스도께서 심판주로 다시 오시는 시점)까지의 시간을 농경의 이미지를 사용하여 밭을 개간하면서부터 추수하기까지의 과정으로 묘사하고 있습니다. 토지의 개간(창 3:23 "토지를 갈게 하시니라"; 호 10:12 "묵은 땅을 기경하라")은 가시와 엉겅퀴, 즉 죄악으로 황폐화된 인간의 마음을 돌이키는 것이며 씨를 파종하는 것은 하나님의 말씀을 전파하는 일이고, 곡식을 가꾸고 알곡을 맺게 하는 것은 성숙된 신앙인으로 자라게 하는 것이며, 추수하는 것은 종말의 심판을 가리

킵니다. 마태복음 13:39-40절은 말씀합니다. "가라지를 심은 원수는 마귀요 추수 때는 세상 끝이요 추수꾼은 천사들이니 그런즉 가라지를 거두어 불에 사르는 것같이 세상 끝에도 그러하리라."

토지를 개간해서 씨 뿌리고 추수하는 과정은 한 개인(그리고 공동체)의 신앙과정이기도 하지만 동시에 인류 타락부터 종말까지의 광활한 역사적 과정을 가리킵니다. 그런 의미에서 오늘 함께 축하하는 추수감사절 주일은 우리 개인, 가정, 교회공동체의 차원에서 파종한 '작물'을 수확하게 해 주신 하나님의 은혜와 축복을 감사하는 시간이지만, 한 걸음 더 나아가 인류역사 속에 계획된 하나님의 구속 섭리가 이뤄질 것을 믿고 감사하며 찬양하는 절기입니다. 오늘 추수감사주일을 맞이하여 〈감사함으로〉라는 제목으로 말씀을 살펴 은혜를 나누고자 합니다. 특별히 감사절의 유래 그리고 감사의 이유, 모델 및 방법에 대해 순서를 따라 살펴보고자 합니다.

감사절의 유래

먼저 추수감사절의 유래입니다. 추수감사절의 성경적 유래와 역사적 유래에 대해 각각 살펴보겠습니다.

1. 감사절의 성경적 유래

먼저 성경적 유래입니다. 이스라엘에서는 중요한 민족적 행사로 세 가지 축제(3대 절기)가 있었습니다. 바로 유월절, 맥추절, 수장절입니다.

*유월절(유월절과 무교절): 유월절은 이스라엘 백성들이 애굽에서 나올 때 양을 잡아 그 피를 집의 문인방과 좌우 문설주에 바름으로써 애굽 사람에게 내렸던 죽음의 재앙을 면케 해주신 하나님께 감사하는 절기로 지내는 날입니다. 말하자면 민족해방 기념일인 것입니다. 이 사실을 출애굽기 12:13-14절이 증거합니다. "내가 애굽 땅을 칠 때에 그 피가 너희의 거하는 집에 있어서 너희를 위하여 표적이 될지라 내가 피를 볼때에 너희를 넘어가리니 재앙이 너희에게 내려 멸하지 아니하리라 너희는 이 날을 기념하여 여호와의 절기를 삼아 영원한 규례로 대대에 지킬지니라."

*맥추절(오순절): "맥추절을 지키라 이는 네가 수고하여 밭에 뿌린 것의 첫 열매를 거둠이니라 수장절을 지키라 이는 네가 수고하여 이룬 것을 연종에 밭에서부터 거두어 저장함이니라"(출23:16). 맥추절은 칠칠절 혹은 오순절이라고도 불렸습니다. 첫 이삭을 제사장에게 가져간 날로부터 7주 후 안식일 이튿날, 즉 50일째 날에 지켰습니다. 우리나라의 봄 농사 추수감사제가 맥추절과 비슷하다고 할 수 있습니다(5, 6월). 이스라엘 백성은 이 절기를 지킬 때 신명기 26 장의 감사기도(신앙고백)를 드렸습니

다. "여호와께서 강한 손과 편 팔과 큰 위엄과 이적과 기사로 우리를 애굽에서 인도하여 내시고 이 곳으로 인도하사 이 땅 곧 젖과 꿀이 흐르는 땅을 주셨나이다 여호와여 이제 내가 주께서 내게 주신 토지 소산의 맏물을 가져 왔나이다. 우리에게 주신바 젖과 꿀이 흐르는 땅에 복을 내리소서"(신 26:8-10, 15).

*수장절: 수장절은 가을에 곡식을 추수하여 저장한다는 의미입니다. 이 절기에는 광야에서의 삶을 기억하기 위해 종려가지, 무성한 가지, 시내버들로 만든 초막에 거하기 때문에 '초막절' 혹은 '장막절'이라고 부릅니다. 출애굽으로부터 40년 광야생활, 그리고 가나안 땅 정착과 추수 등 모든 여정과 행사에 함께 하시고 보호하시고 인도해주신 하나님의 은혜에 대한 총체적 감사절기가 바로 수장절입니다(9, 10월). 이 수장절이 바로 추수감사절의 성경적 근거입니다.

2. 감사절의 역사적 유래

이어서 감사절의 역사적 유래입니다. 우리가 오늘날 지키는 추수감사절은 신앙의 자유를 찾아 미국으로 건너간 영국의 청교도들이 1623년 11월 29일에 지킨 날에서 유래됐습니다. 그 날이 전 세계적으로 확산되어 오늘에 이르게 됐습니다. 첫 개척지 플리머스의 초대 지사였던 윌리엄 브래드퍼드는 이렇게 선포하며 감사절을 지킬 것을 명했습니다. "높으신 하나님께서 금년에 풍부한 수확을 주셨습니다. 인디언의 도움을 받아 옥수수, 밀, 콩, 호박과 여러 채소를 심게 해주셨고 자라나게 하셨습니다. 숲에서 사냥을 하고, 바다에서는 생선과 조개들을 넉넉히 거둘 수 있게 축복해 주셨습니다. 야만인의 습격에서 보호하시고 여러 질병에서 지켜주셨습니다. 무엇보다 우리는 우리의 양심에 따라 자유롭게 하나님께 예배할 수 있게 됐습니다. 나는 모든 순례자들에게 선포합니다. 주후 1623년 11월 29일 목요일 오전 9시부터 12시까지 어른과 아이들이 모두 모여 목사님의 말씀을 듣고 이 모든 축복을 주신 전능하신 하나님께 감사의 예배를 드리십시오.”

이로부터 240년 후인 1863년 남북 전쟁 중 국민들이 고통을 겪고 있을 때 링컨 대통령은 추수감사절(Thanksgiving Day)을 국경일로 선포하고 “국내외에 흩어진 모든 미국 사람들이여 이날은 하늘 아버지의 선한 은혜를 감사하고 찬양하라”는 추수감사절 메시지를 발표했습니다. 그 후 추수감사절 메시지를 발표하는 것이 미국 대통령들의 전통이 됐습니다.

감사의 이유

지금까지 감사절의 유래에 관해 간단히 살펴봤는데요. 이제 감사의 이유 혹은 그 근거에 대해 살펴보기 원합니다. 우리가 왜 감사해야 할까요? 사실 모든 것이 다 감사의 이유입니다! 영어의 Thank(감사)와 Think(생각)는 어간이 같습니다. 사실 조금만 생각하면 우리의 삶에 감사할 이유가 얼마든지 발견됩니다. 디모데전서 4:4-5절은 말씀합니다. "하나님의 지으신 모든 것이 선하매 감사함으로 받으면 버릴 것이 없나니 하나님의 말씀과 기도로 거룩하여짐이니라." 시편 100편은 '감사의 시'라는 제목이 붙은 시로 예배자들이 감사제의 예물을 가지고 성전문과 뜰을 통과할 때 부르던 찬송입니다.

> 온 땅이여 여호와께 즐거이 부를지어다
> 기쁨으로 여호와를 섬기며 노래하면서 그 앞에 나아갈지어다
> 여호와가 우리 하나님이신 줄 너희는 알지어다 그는 우리를 지으신 자시요 우리는 그의 것이니 그의 백성이요 그의 기르시는 양이로다
> 감사함으로 그 문에 들어가며 찬송함으로 그 궁정에 들어가서 그에게 감사하며 그 이름을 송축할지어다
> 대저 여호와는 선하시니 그 인자하심이 영원하고 그 성실하심이 대대에 미치리로다(시 100:1-5)

방금 인용한 시편 100편은 우리가 하나님께 감사해야 할 세 가지 이유를 구체적으로 가르쳐 줍니다.

1. 하나님이 우리를 지으셨기 때문에 감사해야 합니다.

"그는 우리를 지으신 자시요"(3절). 하나님이 우리를 지으셨다는 말씀에는 두 가지 뜻이 있습니다. 하나는 우리가 육체로 태어났다는 사실입니다. 또 하나는 우리가 영으로 거듭났다는 사실, 즉 구원입니다. "하나님이 자기 형상 곧 하나님의 형상대로 사람을 창조하시되 남자와 여자를 창조하시고 하나님이 그들에게 복을 주시며 그들에게 이르시되 생육하고 번성하여 땅에 충만하라 땅을 정복하라 바다의 고기와 공중의 새와 땅에 움직이는 모든 생물을 다스리라 하시니라"(창 1:27-28). "여호와 하나님이 흙으로 사람을 지으시고 생기를 그 코에 불어넣으시니 사람이 생령이 된지라"(창 2:7). "주께서 내 장부를 지으시며 나의 모태에서 나를 조직하셨나이다 내 형질이 이루기 전에 주의 눈이 보셨으며 나를 위하여 정한 날이 하나도 되기 전에 주의 책에 다 기록이 되었나이다"(시 139:13, 16). "하나님의 신이 나를 지으셨고 전능자의 기운이 나를 살리시느니라"(욥 33:4).

하나님이 우리를 지으셨으니 우리는 당연히 하나님의 소유임을 잊지 말아야 합니다. 그래서 본문은 분명히 증거합니다. "그는 우리를 지으신 자시요. 우리는 그의 것이니." "땅과 거기 충만한 것과 세계와 그 중에 거하는 자가 다 여호와의 것이로다"(시 24:1). "내가 너를 지명하여 불렀나니 너는 내 것이라"(사 43:1.) "이는 만물이 주에게서 나오고 주로 말미암고 주에게로 돌아감이라 영광이 그에게 세세에 있으리로다"(롬 11:36). "우리가 살아도 주를 위하여 살고 죽어도 주를 위하여 죽나니 그러므로 사나 죽으나 우리가 주의 것이로라"(롬 14:8).

오늘 우리는 무엇보다도 나의 생명을 창조하신 하나님께 감사드려야 합니다. 나의 존재 자체가 하나님께 감사드려야 할 이유입니다. 그러나 더더욱 감사한 것은 바로 우리가 받은 구원입니다. 구원 때문에 우리는 하나님께 전심으로 감사드려야 합니다. 왜 그럴까요? 영원한 생명을 얻었으니까요. 영원한 지옥 불에서 고통 받을 수밖에 없는 우리, 본질상 진노의 자녀였던 우리가 구원을 받아 영원한 하늘나라를 소망으로 삼고 살아 갈수 있다는 것, 이 한 가지 사실만으로도 영원히, 영원히 하나님께 감사와 찬양을 드려야 합니다. "그가 태초에 하나님과 함께 계셨고 만물이 그로 말미암아 지은 바 되었으니 지은 것이 하나도 그가 없이는 된 것이 없느니라"(요 1:2-3). "내가 진실로 진실로 너희에게 이르노니 내 말을 듣고 또 나 보내신 이를 믿는 자는 영생을 얻었고 심판에 이르지 아니하나니 사망에서 생명으로 옮겼느니라"(요 5:24).

에베소서 1:3-6절을 보면 성부 하나님은 창세전에 이미 나를 그리스도 안에서 택하시고 또한 그 기쁘신 뜻대로 예정하셔서 자녀 삼아 주셨습니다. 다시 말해 우리가 가진 조건과 상관없이 그분의 기뻐하시는 뜻을 따라 우리를 택해 주셨다는 것입니다. 이 사실만으로도 우리가 아무리 감사드려도 부족합니다. 뿐만 아니라 나 같은 죄인을 구속하기 위해 예수님이 친히 감당하신 고통을 생각하면 우리는 우리의 생명을 다 드려도 아까울 것이 없습니다. 그래서 이사야 53:5-6절은 말씀합니다. "그가 찔림은 우리의 허물을 인함이요 그가 상함은 우리의 죄악을 인함이라 그가 징계를 받음으로 우리가 평화를 누리고 그가 채찍에 맞음으로 우리가 나음을 입었도다 우리는 다 양 같아서 그릇 행하여 각기 제 길로 갔거늘 여호와께서는 우리 무리의 죄악을 그에게 담당시키셨도다." "나의 달려갈 길과 주 예수께 받은 사명 곧 하나님의 은혜의 복음 증거하는 일을 마치려 함에는 나의 생명을 조금도 귀한 것으로 여기지 아니하노라"(행 20:24). "그러므로 형제들아 내가 하나님의 모든 자비하심으로 너희를 권하노니 너희 몸을 하나님이 기뻐하시는 거룩한 산 제사로 드리라 이는 너희의 드릴 영적 예배니라"(롬 12:1).

2. 우리가 하나님의 소유요 백성이기 때문에 감사해야 합니다.

우리가 하나님께 감사드려야 하는 두 번째 이유는 우리는 하나님의 소유요 백성이며 기르시는 양이기 때문입니다(본문 3절下). 성경을 보면 하나님의 백성인 이스라엘은 이방나라인 애굽, 블레셋, 앗수르, 바벨론, 아람 등 인접국가에 의해 항상 괴롭힘과 침략을 당했습니다. 북왕국 이스라엘이 당시의 강대국인 앗수르에 유린당하여 사람들이 포로로 잡혀가는가 하면 남왕국 유다도 신흥대국 바벨론에게 패망하여 왕족과 귀인 그리고 많은 백성이 70년간 포로가 되어 바벨론으로 잡혀갔습니다. 참으로 이상하지 않습니까? 하나님의 백성인데 말입니다. 그러나 우리가 꼭 기억해야 할 사항이 있습니다. 이스라엘 백성은 하나님이 기르셨지만 인접 국가들은 하나님이 사용하신 도구에 불과했다는 사실입니다. 그래서 인접 국가들은 그 사용시기가 끝나면 지상에서 사라졌지만 하나님이 기르시는 이스라엘 민족은 나라를 잃은 지 약 2,000년이 지난 후 자기의 국토에서 독립 국가를 형성할 수 있었습니다(AD70-1948.5.14 독립). 하나님의 관심은 하나님이 사용하는 사람들에게 있는 것이 아니라 하나님이 기르기를 원하시는 사람, 바로 우리들에게 있음을 믿으시기 바랍니다.

> 땅에 있는 성도는 존귀한 자니 나의 모든 즐거움이 저희에게 있도다(시 16:3)
> 여호와의 눈은 의인을 향하시고 그 귀는 저희 부르짖음에 기울이시는도다(시34:15)

> 주는 나를 기르시는 목자요 나는 주님의 귀한 어린 양
> 푸른 풀밭 맑은 시냇물가로 나를 늘 인도하여 주신다
> 주는 나의 좋은 목자 나는 그의 어린 양 철을 따라
> 꼴을 먹여 주시니 내게 부족함 전혀 없어라(찬송가 453)

3. 하나님의 인자와 성실이 영원하시기 때문에 감사해야 합니다.

> 대저 여호와는 선하시니 그 인자하심이 영원하고 그 성실하
> 심이 대대에 미치리로다(5절)

우리가 하나님께 감사드려야 하는 세 번째 이유는 그 분의 인자하심과 성실하심이 영원토록 우리와 함께하기 때문입니다. 다시 말해 하나님은 이 시간도 합력하여 선을 이루기 위해 역사하십니다. 그래서 로마서 8:28절은 말씀합니다. "우리가 알거니와 하나님을 사랑하는 자 곧 그 뜻대로 부르심을 입은 자들에게는 모든 것이 합력하여 선을 이루느니라."

우리는 결국 어떻게 됩니까? 하나님의 심판대 앞에 서게 됩니다. "이는 우리가 다 반드시 그리스도의 심판대 앞에 드러나 각각 선악간에 그 몸으로 행한 것을 따라 받으려 함이라"(고후 5:10). 하나님이 우리에게 허락하시는 모든 사건은 바로 우리가 하나님의 심판대 앞에서 상급 받을 때 도움이 된다는 의미입니다. 이러한 사실을 알 때 비로소 우리는 우리에게 닥치는 모든 일로 말미암아 하나님 아버지께 감사를 드리게 됩니다. 사실 우리 모두가 진멸의 대상이었음을 잊어서는 안 됩니다. 진멸 당치 않음은 하나님의 인자와 성실이 영원하시기 때문입니다. "여호와의 자비와 긍휼이 무궁하시므로 우리가 진멸되지 아니함이니이다"(애 3:22). 이 사실을 기억하면 범사에

감사하게 됩니다. 로마서 11:36절은 말씀합니다. "이는 만물이 주에게서 나오고 주로 말미암고 주에게로 돌아감이라 영광이 그에게 세세에 있으리로다 아멘."

감사의 모델

방금까지 감사의 이유 또는 그 근거에 대해 특별히 시편 100편 말씀을 중심으로 나누었습니다. 이어지는 부분에서는 감사의 모델(본)을 살펴보겠습니다. 성경 내의 모델과 현대의 모델을 각각 살펴보겠습니다.

1. 성경 내의 감사의 모델: 옥합을 깨뜨린 여인

> 한 바리새인이 예수께 자기와 함께 잡수시기를 청하니 이에 바리새인의 집에 들어가 앉으셨을 때에 그 동네에 죄인인 한 여자가 있어 예수께서 바리새인의 집에 앉으셨음을 알고 향유 담은 옥합을 가지고 와서 예수의 뒤로 그 발 곁에 서서 울며 눈물로 그 발을 적시고 자기 머리털로 씻고 그 발에 입맞추고 향유를 부으니(눅 7:36-38)

이 사건은 주님께 드리는 참다운 감사가 어떤 것인가 보여줍니다. 여기서 옥합을 깨뜨리는 행동은 자기의 삶을 전부 드렸음을, 예수님의 발 곁에 선 것은 겸손을, 눈물로 예수님의 발을 적신 것은 회개를, 머리털로 예수님의 발을 씻은 것은 헌신을, 예수님의 발에 입을 맞춘 것은 사랑을, 향유를 부은 것은 예물을 뜻합니다. 죄인인 한 여인이 주님으로 말미암아 용서받은 은혜가 너무나 크기에 이런 감사를 드린 것입니다. 저는 사랑하는 여러분도 이런 감사를 주님께 드리시기를 축복합니다.

2. 현대의 감사의 모델: 뇌성마비 시인 송명희

다음은 뇌성마비 시인인 송명희씨의 시 〈나〉입니다.

> 나 가진 재물 없으나 나 남이 가진 지식 없으나
> 나 남에게 있는 건강 있지 않으나
> 나 남이 없는 것 있으니
> 나 남이 못 본 것을 보았고
> 나 남이 듣지 못한 음성 들었고
> 나 남이 받지 못한 사랑받았고
> 나 남이 모르는 것 깨달았네
> 공평하신 하나님이 나 남이 가진 건 나 없지만
> 공평하신 하나님이 나 남이 없는 것 갖게 하셨네

비록 중증장애인으로 다른 사람의 도움과 동정을 받는 상황이지만 송명희 시인은 실로 '나의 나 됨'에 대해 기뻐하고 감사합니다. 장애인인 그녀가 남과 비교해서가 아니라 나만이 받은 하나님의 독특한 은혜를 감사하며 살아간다면 오늘을 사는 우리들의 삶 또한 한 번 생각해 볼 필요가 있지 않을까요? 송명희 시인의 감동적인 고백이 우리에게도 필요합니다.

감사의 방법

방금 감사의 모델들을 살펴봤는데요. 그러면 우리들은 어떻게 하나님께 감사드릴 수 있을까요? 또 우리는 어떻게 하나님께 감사드려야 할까요?

먼저 기도로 감사해야 합니다. "아무 것도 염려하지 말고 오직 모든 일에 기도와 간구로 너희 구할 것을 감사함으로 하나님께 아뢰라 그리하면 모든 지각에 뛰어난 하나님의 평강이 그리스도 예수 안에서 너희 마음과 생각을 지키시리라"(빌 4:6-7).

다음으로 찬양으로 감사해야 합니다. 찬양과 감사는 믿음의 행위이고 표현입니다. 마음에 감사함으로 드리는 찬양을 주께서 열납 하십니다. "내가 노래로 하나님의 이름을 찬송하며 감사함으로 하나님을 광대하시다 하리니 이것이 소 곧 뿔과 굽이 있는 황소를 드림보다 여호와를 더욱 기쁘시게 함이 될 것이라"(시 69:30-31).

또한 예물로 감사해야 합니다. "여호와의 이름에 합당한 영광을 그에게 돌릴지어다 예물을 가지고 그 앞에 들어갈지어다 아름답고 거룩한 것으로 여호와께 경배할지어다"(대상 16:29).

아울러 감사로 예배해야 합니다. "감사로 제사를 드리는 자가 나를 영화롭게 하나니 그 행위를 옳게 하는 자에게 내가 하나님의 구원을 보이리라"(시 50:23).

마지막으로 우리 삶을 예수 그리스도와 복음을 위한 감사의 제물로 드려야 합니다. "그러므로 형제들아 내가 하나님의 모든 자비하심으로 너희를 권하노니 너희 몸을 하나님이 기뻐하시는 거룩한 산 제사로 드리라 이는 너희의 드릴 영적 예배니라"(롬 12:1). 우리가 하나님께 드릴 수 있는 최고, 최대, 최선의 예물은 참된 그리스도인이 된 우리의 삶입니다. 우리가 매 순간 참된 그리스도인으로 살아갈 때, 하나님이 우리의 삶을 통로로 삼아 하나님의 사람들을 세워 이 시대를 새롭게 하실 겁니다. 올 한 해 동안에도 하나님이 우리에게 변함없는 은혜를 베풀어주신 까닭이 바로 이것입니다. 우리의 삶보다 더 귀한 감사의 예물이 어디에 또 있겠습니까?

● ● ● ●

사랑하는 여러분, 에벤에셀의 하나님이 우리를 여기까지 인도하셨습니다. 내 계획, 내 방법, 내 수단, 내 머리, 내 경험으로 여기까지 살아온 것처럼 보이지만 실상은 하나님이 시간마다 곳곳마다 인도하셨습니다. 여호와 이레 하나님은 예비하시고 준비하시는 분이십니다. 여러분과 저의 필요와 문제를 미리 다 아시고 미리 준비하십니다. 미리 준비하시는 그 하나님이 여러분과 영원히 함께 하시겠다고 약속하십니다. 임마누엘의 하나님이 되어 주신다고 약속하십니다. 그러니 여러분 무엇을 그리 걱정하십니까? 왜 그렇게 계속 걱정하십니까? 예비하시는 하나님께 다 맡기십시오. 시편 37:5-6절은 말씀합니다. "너의 길을 여호와께 맡기라 저를 의지하면 저가 이루시고 네 의를 빛같이 나타내시며 네 공의를 정오의 빛같이 하시리로다." 또 잠언 3:5-6절은 말씀합니다. "너는 마음을 다하여 여호와를 의뢰하고 네 명철을 의지하지 말라 너는 범사에 그를 인정하라 그리하면 네 길을 지도하시리라." 주님을 의지하십시오. 주님께 다 의탁하십시오. 그리고 감사의 사람이 되십시오!

오늘 추수감사주일을 맞아 '감사'를 주제로 같이 말씀을 나누었습니다. 데살로니가전서 5:16-19절이 오늘 설교의 최종 결론입니다. "항상 기뻐하라 쉬지 말고 기도하라 범사에 감사하라 이는 그리스도 예수 안에서 너희를 향하신 하나님의 뜻이니라." 아멘!

Think
Carefully
about
Jesus

맺
으
면
서

구약의 신학을 가장 잘 드러내 주는 책이 바로 시편이라는 말이 있습니다. 예배가 한 개인과 공동체의 신앙과 신학을 가장 생생하고 정직하게 드러내 준다는 말로 이해합니다. 그런 뜻에서 제가 지금 가장 즐겨 부르는 찬송으로 맺는 말과 인사를 대신하고자 합니다. 오직 하나님께 영광을!

여기에 모인 우리 주의 은총 받은 자여라
주께서 이 자리에 함께 계심을 아노라
언제나 주님만을 찬양하며 따라 가리니
시험을 당할 때도 함께 계심을 믿노라
이 믿음 더욱 굳세라 주가 지켜 주신다
어둔 밤에도 주의 밝은 빛 인도 하여 주신다

주님이 뜻하신 일 헤아리기 어렵더라도
언제나 주 뜻 안에 내가 있음을 아노라
사랑과 말씀들이 나를 더욱 새롭게 하니
때로는 넘어져도 최후 승리를 믿노라
이 믿음 더욱 굳세라 주가 지켜주신다
어둔 밤에도 주의 밝은 빛 인도하여주신다

여기에 모인 우리 사랑 받는 주의 자녀라
주께서 뜻하신바 우리 통해 펼치신다
고통과 슬픔 중에 더욱 주님 의지하오니
어려움 이겨 내고 주님 더욱 찬양하라
이 믿음 더욱 굳세라 주가 지켜주신다
어둔 밤에도 주의 밝은 빛 인도하여주신다

(찬송가 620장)